Nur für die Besten:

Alfred R. Stielau-Pallas

ERFOLG UND ERFÜLLUNG

CIP-Kurztitelaufnahme der Deutschen Bibliothek

Stielau-Pallas, Alfred R.:
Nur für die Besten: Erfolg und Erfüllung
Engel auf Erden Verlag, 1989
ISBN 3 926894 01 6

Copyright © 1989 by:
Gisela Pallas und Alfred R. Stielau-Pallas
The Gem, Pauanui Beach, New Zealand
ISBN 3 926894 01 6
1. Auflage 10.000, Sept. 1989
Gesamtherstellung: Ebner Ulm
Umschlag: Franz Berthold, München

Engel auf Erden Verlag, D-7322 Donzdorf, Brahmsstr. 8
Tel.: 0 71 62/2 77 70, Fax: 0 71 62/2 46 60

Alle Rechte der Verbreitung in allen Sprachen, auch durch
Film, Funk, Fernsehen, Video- und Audio-Träger jeglicher
Art, fotomechanische Wiedergabe, auszugsweisen Nachdruck
oder Einspeicherung und Rückgewinnung in Datenverarbeitungs-
anlagen aller Art, sind vorbehalten.

Dieses Buch widme ich einmal mir selbst.
Auf den nächsten Seiten erfahren Sie warum.

Widmung

für Alfred R. Stielau-Pallas

DANKE

Auch dieses Buch wurde wieder von vielen Erfolgspartnern, also Teilnehmern aus meinen Seminaren, gefördert. Ich möchte an dieser Stelle nochmals an alle meinen ganz besonderen Dank dafür aussprechen.
Diesmal habe ich den Lieblingssatz unserer Erfolgspartner hinzugefügt, dessen tiefere Bedeutung sie im Seminar verstanden haben.

Was Sie in diesem Buch erwartet:

Der Autor stellt sich vor	7
Warum sich das Unterbewußtsein nicht so einfach programmieren läßt	19
Wo ist der Mittelpunkt meines Universums?	29
Perfekter als ein Hollywood-Film	40
Über den eigenen Schatten springen	51
Das Ego, dein Freund und Helfer	64
Nicht mehr als ein Computer?	76
Das Dagobert Duck-Bewußtsein	86
Wie man auch in der Badewanne große Wellen erzeugen kann	100
Der ehemalige Sinn des Lebens ist heute eine Sackgasse	114
Erfolg oder Erfüllung? Das ist hier die Frage!	139
Was ist eigentlich ein traumhaft schönes Leben?	150
Das Interessante am Leben ist . . .	162
Die gezinkte Intuition	174
Der Erfolg und die Geier	189
Wenn die liebe Liebe nicht wäre . . .	201
Du hast ein göttliches Erbe	215
Erfolg	225
Erfüllung	237

Gut, es gibt immer genug zu essen zu Hause, und meine Eltern leben eine durchaus gute oder normale Ehe. Aber Geld für etwas Schönes ist nie da. Also will ich mehr.

Lehre als Feinmechaniker, nebenbei Schlagzeugspielen in einer Band – schließlich braucht der Mensch auch Anerkennung.

Anschließend Beruf und Abendschule, am Wochenende Discjockey und im Alter von 19 bereits 2 Nervenzusammenbrüche.

Ist die Freundin auch die richtige Frau? Aber nachdem sie schwanger ist, wird natürlich auch schon mit 20 geheiratet.

Weitere Ausbildung zum Fotografen, nebenbei schon ein eigenes Atelier und tagsüber natürlich arbeiten im Beruf.

Ein interessantes Angebot als Geschäftsführer im Fotogeschäft, verbunden mit Umzug.

Nach 9 Monaten »weiß« ich, wie es geht, arbeite tagsüber als Programmierer für numerisch gesteuerte Werkzeugmaschinen, eröffne ein Fotogeschäft, und die Frau steht im Laden.

Kein Startkapital, also wird alles selbst gebaut, alles selbst gemacht.

Die große Hoffnung, daß es jetzt endlich bergauf geht – richtig bergauf.

Rückschläge, Fehler – vor allem kaufmännische –; denn davon habe ich überhaupt keine Ahnung. Aber es läuft, und man könnte daran glauben, daß man es schafft.

Aber ich kann nicht daran glauben oder will nicht daran glauben; denn was bedeutet das schon?

Seitdem wir uns ein bißchen mehr leisten können, will die Frau nichts mehr versäumen, und auch ich will mehr vom Leben haben als nur Arbeit von 7 bis 22 Uhr. Heißt, es geschafft zu haben, daß jeder genug Geld hat, das zu tun, was er will?

Und außerdem kommt Maren zu kurz. Sie ist inzwischen sechs und hat von ihren Eltern verdammt wenig. Wenn es bergauf geht, wird sie vielleicht noch weniger von uns haben. Sie wird nachts wach, ruft ihre Eltern, die im Labor oder in der Disco sind.

Was ist das für ein Leben?

Nein, das will ich eigentlich nicht, dann lieber arm, gesund und glücklich!

20. Oktober 1973

Ich bin 26 Jahre alt, will mehr aus meinem Leben machen und bin seit einiger Zeit selbständig.

Die Ehe ist kaputt – ist sie kaputt, oder ist das normal?

Das Geschäft läuft. Aber machen wir überhaupt Profit, oder leben wir über unsere Verhältnisse?

„Ich habe eine Gelegenheit für Sie, wie Sie sich finanziell und persönlich verbessern können, interessiert Sie das?"

„Worum geht es denn?"

„Haben Sie am kommenden Sonntag Zeit?"

„Ja, worum geht es?"

„Wäre Ihnen diese Information 50 DM wert?"

„50 Mark?"

„Ja, für Frühstück, Mittag- und Abendessen in einem guten Hotel; denn solange dauert die Information."

„Aber um was geht es denn?"

„Wollen Sie sich finanziell und persönlich verbessern oder nicht?"

Karl Vietje beliefert uns mit Zeitschriften. Doch diesmal hat er etwas ganz anderes für mich.

22. Oktober 1973

Ein amerikanisches Unternehmen verkauft Seminare für »Positives Denken«.

Dezember 1974, ein Jahr nach dem Positiven Denken
Der Scheidungsrichter spricht die Tochter der Mutter zu.
Ich bin krank und will nicht mehr.

Februar 1975
Das Geschäft wurde verpachtet, und der Pächter hat sich nach einem Ausverkauf mit dem Geld auf und davon gemacht.
Ich habe keinen Job, kein Geschäft, über 50 000 Mark Schulden, und das Finanzamt will auch mehr als 30 000 Mark von mir. Viel Geld zu dieser Zeit.
„Du brauchst nur fest daran zu glauben, ein Millionär zu sein, dann sorgt dein Unterbewußtsein dafür, daß alles eintritt."
Über 6000 Mark hatte der Kurs gekostet...
Die Firma gibt es schon nicht mehr, und über 6000 hoffnungsvolle Seminarteilnehmer, von denen die meisten die Gebühr aus Krediten finanziert hatten, gibt es nun auch nicht mehr.

November 1987
Ich lebe im Südpazifik. Unser Privatgrundstück reicht direkt bis zum Wasser.
Wenn ich jetzt vom Schreiben aufblicke, sehe ich meine (2.) Frau glücklich im Garten. Mein Bürohaus steht dahinter mit traumhaftem Blick über die Lagune auf die dahinterliegenden Berge. Der Gärtner legt gerade zwei Teiche an, die mit einem kleinen Wasserfall und einem Bach miteinander verbunden werden. Nebenan wird ein Kachelofen aufgebaut, den ich aus Bayern »ans andere Ende der Welt« habe kommen lassen.

Nur für die Besten: Erfolg und Erfüllung

Um 14.30 Uhr möchte David Hamilton mich kennenlernen, *der* David Hamilton.

Um 16.00 Uhr, wenn Alexander von der Schule kommt, werden wir mit unserem Boot rüber nach Slipper Island fahren. Vielleicht gehen wir auch Golfspielen.

Wir können fast von unseren Zinsen leben und haben mehr, als wir verbrauchen können. Ein Leben wie im Paradies – ohne Abstriche. Fast ohne Abstriche; denn der Grund, warum ich dieses Buch schreibe, ist der, daß ich einfach mal wieder etwas tun möchte. Dafür nutze ich immer die Zeit, wenn Ebbe ist. Denn Windsurfen gehe ich nur bei Flut, sonst müßte ich mein Brett weiter als 25 Meter tragen ...

Wenn ich selbst diese letzten Zeilen vor 10 Jahren gelesen hätte, dann hätte ich das Buch wahrscheinlich zugeschlagen oder kein Wort geglaubt.

Was hat mein Leben so entscheidend verändert?

Was hat mich wirklich reich gemacht, und zwar reich in jeder Beziehung?

Wenn Sie bereits vieles probiert haben, Ihr Leben in jeder Beziehung auf die Sonnenseite zu stellen und dennoch im Schatten oder Halbschatten stehen –

wenn Sie nicht länger von einer Hoffnung zur anderen springen wollen –

wenn Sie es wirklich satt haben, oberflächlich zu leben –

wenn Sie es vertragen, die Wahrheit über sich selbst zu erfahren –

wenn Sie also Ihr Leben tief, sinn- und gehaltvoll leben wollen –

wenn Sie all dies wirklich wollen und nicht nur eigentlich auch ganz gern hätten, falls es nicht zu anstrengend ist –

dann hat dieses Buch Ihnen viel zu berichten.

Vielleicht sogar mehr, als Sie wahrhaben möchten ...

Sind Sie reif für ein Leben, das Ihnen all Ihre Illusionen nimmt und all das erfüllt, was wirklich sinn- und gehaltvoll für Sie ist?
Dann akzeptieren Sie an erster Stelle, daß Sie ein einmaliger Mensch sind,
ein Mensch mit einer einzigartigen Aufgabe,
ein Mensch, geboren auf dieser Erde, zu dieser Zeit, um einen unersetzbaren Beitrag für diesen Planeten zu leisten – ja, für dieses Universum.
Wenn Sie schon immer in sich gefühlt haben, daß Sie eines Tages mehr tun werden, als nur dafür zu sorgen, daß Sie genug zu essen und zum Anziehen haben, wenn Sie schon immer in sich gefühlt haben, daß Sie zu Größerem geboren sind, zu Höherem bestimmt, dann wird dieses Buch Ihr Leben von Grund auf verändern – zuerst innerlich und dann äußerlich.
Aber fangen wir am besten noch einmal von vorn an.

Nur für die Besten: Erfolg UND Erfüllung

Was kann ich aus diesem Kapitel lernen und erkennen und für mein Leben in Erfolg UND Erfüllung umsetzen?

Fritz Steiner, CH-6340 Baar, Hapimag:

„So, wie ich von anderen Menschen behandelt werden möchte, behandele ich sie auch – und zwar zuerst."

Alfred R. Stielau-Pallas

CHRONIK 1973

Also, wie war das damals – bei MZE? Nein, das ist nicht die Mitteleuropäische Zeit-Einheit. Das war »Mut zum Erfolg«, ein amerikanisches Unternehmen, das damals Seminare verkaufte, mit deren Hilfe man sich »persönlich und finanziell verbessern« konnte.

Ich wurde, wie gesagt, von Karl Vietje eingeladen. Mit 50 Mark war ich dabei. Er holte mich an einem grauen Herbstmorgen, Sonntag, den 22. Okt. 1973, mit seinem nicht mehr ganz neuen Opel Admiral persönlich um 6.00 Uhr von zu Hause ab. Ich wußte absolut nicht, worauf ich mich einließ, und hatte nicht nur Hoffnungen, sondern auch Angst; denn ich kannte ihn nur als Vertreter vom Zeitschriftengroßhandel, der mich sonst nur selten besuchte.

Um was geht es denn nun, wollte ich auf der Fahrt nach – ja, nach wohin eigentlich, wissen.

„Lassen Sie sich überraschen! Es wird fantastisch!"

„Sie werden mich doch wohl nicht in kriminelle Dinge verwickeln wollen?"

„Wir fliegen nach Istanbul, und da bekommt jeder ein Päckchen Rauschgift und schmuggelt es zurück", scherzte er. Herr Vietje wollte sich halb totlachen über meine Befürchtungen.

Zu der Zeit war ich neben meinem Fotogeschäft auch journalistisch tätig, und so dachte ich mir: Selbst wenn da nichts Gescheites für mich bei raus kommt, dann kann ich immerhin noch einen Artikel an die Zeitung verkaufen. Und außerdem habe ich mir zur Sicherheit eine kleine Schreckschußpistole eingesteckt.

»Rosenplenter« hieß das Hotel, an dem wir morgens um 7 Uhr eintrafen. Und da warteten schon rund 50 Leute auf uns. Jetzt merkte ich erst, daß Herr Vietje, genauso wie die anderen, recht fröhlich angezogen war. Königsblaue, grüne, rote maßgeschneiderte Anzüge mit gelben, roten, grünen und blauen Krawatten und ebensolchen Hemden. Als Farbenblinder achte ich normalerweise nicht auf Farben und laufe schon mal mit zwei verschiedenen Strümpfen los, aber *so* farbenblind kann man gar nicht sein!

Und dann die Begrüßung: Umarmungen, Gesang und Schlachtrufe:

»Ale hop, ale hop, ale hoppla, hoppla, hoppla hop!«

Und dann wurde ich überall vorgestellt, und alle waren begeistert von mir! Ich glaube, alle waren begeistert von allen. Ja, ich sah, daß die alle von allen begeistert waren.

„Wann geht es denn los?"

„Wir warten noch auf die Busse!"

„Auf die Busse, bleiben wir denn nicht hier?"

„Nein, wir fahren noch ein Stück, und da treffen wir noch andere. Ist das nicht fantastisch?"

Sonntag, 7.00 Uhr morgens, und die Stimmung war wie Rosenmontag abends.

Also alle rein in die Busse.

„Guten Morgen, mein Name ist Bernhard Kunze", ein Herr in den Fünfzigern war wohl der einzige seriöse Mensch hier. Aber kaum daß er uns sagte, daß er in den letzten Monaten großartige und fantastische Dinge erlebt habe, nämlich seitdem er unter der Philosophie von MZE stehe und ebenfalls zu singen anfing, war auch diese Hoffnung dahin.

Das »Holiday Inn« in Kassel tauchte vor uns auf, und auf den Leuchttafeln stand:

»Herzlich willkommen MZE!«
Über 300 Menschen oder Verrückte kamen mit Bussen von allen Seiten an und trafen sich im großen Ballsaal.
„Guten Morgen, meine sehr geehrten Damen und Herren, mein Name ist Friedrich Meiss, und ich begrüße Sie im Namen von Mut zum Erfolg und fordere Sie heraus, ein fantastisches Leben zu leben!"

Keine 3 Minuten später sprach ein anderer und wieder 10 Minuten später ein anderer, und alle sprachen von »großartigen« und »fantastischen« Dingen.
Also, es ging um ein Seminar, das man angeblich jedes Wochenende, so oft man wollte, bis ans Lebensende besuchen durfte. Und außerdem durfte man es als »Selbständiger Verkaufsteilnehmer« auch an andere verkaufen, wenn man sich dafür qualifizierte.

„Sie brauchen nur, genauso, wie Sie heute eingeladen wurden, einen Freund einzuladen, und der Rest läuft hier ab. Trauen Sie sich das zu? Wieviele Freunde pro Monat? Jede Woche läuft eine »Go-Tour«, und so haben Sie 4 mal Gelegenheit!"

Ich rechnete hoch und kam zu dem Ergebnis, daß die Sache mit dem Verkaufen bis spätestens Weihnachten zu Ende sein müßte; denn dann hätte schließlich jeder Bundesbürger einen Kurs gekauft. Und wer soll dann noch die Seminare abhalten können. Um 12 Uhr stand eine attraktive, schwarz gekleidete Mittzwanzigerin auf und teilte mit, daß sie sich entschlossen habe, den Kurs zum Preis von DM 6000.- plus Mwst. zu kaufen. Ich dachte, na ja, sie ist zwar sehr hübsch, aber daß sie darauf reinfällt . . .

Um 18.00 Uhr war alles so fantastisch und großartig, daß ich nur noch ein Problem hatte: Wo treibe ich das Geld auf?!

Nur für die Besten: Erfolg und Erfüllung

Am nächsten Tag stand Karl mit seinem Verkaufsagenten Jürgen Wedekind bei mir im Geschäft. Zusätzlich war noch einer vom Kreditinstitut dabei, um mir mein Problem zu lösen . . .

Eine Woche später erfuhr ich bereits, daß der Geschäftsführer der deutschen MZE wegen »unlauteren Wettbewerbs« in Untersuchungshaft saß. Ich erhielt aber wenigstens mein Seminarmaterial und konnte auch das erste Seminar besuchen. Bernhard Kunze leitete es, und da saß bereits diese junge Frau. Ich sah und erkannte sie wieder und setzte mich neben sie. Es war so etwas wie Führung; denn kein anderer im Raum war von Interesse für mich, teilweise nicht einmal der Seminarleiter.

Sie hatte vor einem halben Jahr ihren einzigen Sohn verloren. Er war mit einem 3fachen Herzfehler zur Welt gekommen und etwas mehr als 2 Jahre alt geworden – eine tragische Sache. Sie erhoffte sich durch diese Seminare Antwort auf ihre vielen Fragen nach Gerechtigkeit im Leben und wohl auch neuen Lebensmut.

Wir sahen uns jetzt fast jede Woche. Entweder auf der »Go-Tour«, im Seminar oder auf dem Geschäftstraining. Eines Tages ging die ganze Seminargruppe noch in die Disco. Wir tanzten das erste Mal, und plötzlich war es heller als tausend Sonnen. Kein Scheinwerfer, kein Laser, den es damals auch noch nicht gab. Ein Licht, das nicht von außen kam, sondern von innen, und ich fragte sie: „Hast du das auch erlebt?" Und sie sagte: „Ja" und war ebenso verwundert, was eigentlich geschehen war.

Weihnachten war es tatsächlich vorbei mit MZE. Aber nicht, weil jeder Deutsche bereits ein Seminar gekauft hatte, sondern weil der Staatsanwalt ermittelte. 2 Jahre lang, und dann wurde der Geschäftsführer entlassen und zu 500 Mark Geldstrafe verurteilt. Nicht in Chile, nicht in Südafrika, nicht in Korea, sondern in der Bundesrepublik Deutschland. 2 Jahre U-Haft für 500 Mark Strafe als Resultat.

Die meisten der 6000 Teilnehmer, die in dieser Zeit das »Positive Denken« gelernt hatten, fielen zurück in ihren alten Trott und verschwanden wieder in der großen grauen Masse.

Hellauf begeistert, motiviert, fantastisch drauf, und nun?

Nur für die Besten: Erfolg UND Erfüllung

Was kann ich aus diesem Kapitel lernen und erkennen und für mein Leben in Erfolg UND Erfüllung umsetzen?

Horst Babinsky, 8221 Stein a. d. Traun, ASB:

„Jeder Mensch ist grundsätzlich erfolgreich –
nur, die Richtung bestimmt er selbst."

Alfred R. Stielau-Pallas

WARUM SICH DAS UNTERBEWUSSTSEIN NICHT SO EINFACH PROGRAMMIEREN LÄSST

Außer unserem uns bewußten Verstand haben wir einen, sagen wir Computer in uns, der jede Sekunde Tausende von Entscheidungen trifft, die unseren Körper am Leben erhalten. Körpertemperatur, Herzschlag, Blutdruck, Lidschlag, Zellerneuerung, Hormonsteuerung usw. werden von einem System gesteuert, das, uns unbewußt, meist perfekt funktioniert. Dieses System registriert alle Informationen, die wir durch sehen, hören, riechen, schmecken und fühlen wahrnehmen können.

Nennen wir es einmal unser uns dienendes Selbst; denn es sorgt für die Erhaltung unseres Körpers – es dient dem, was wir als »Ich« bezeichnen. Damit meinen wir unsere Gedanken, Gefühle und Vorstellungsbilder, die wir bewußt wahrnehmen.

Dieses »uns«, also unseren Gedanken, Gefühlen und Vorstellungsbildern dienende Selbst (oder Etwas) wird also dafür sorgen, daß unsere Gedanken, unsere Gefühle und unsere Vorstellungsbilder erhalten bleiben.

Unsere Gedanken werden also erhalten, geschützt und bestätigt.
Unsere Gefühle werden also erhalten, geschützt und bestätigt.
Unsere Vorstellungsbilder werden also erhalten, geschützt und bestätigt.
Einfacher ausgedrückt: Wir haben stets den Drang, recht zu haben. Dieser Drang ist stärker als der Sexualtrieb.
Beispiel:

Nur für die Besten: Erfolg UND Erfüllung

War es Ihnen nicht auch schon oft wichtiger, recht zu haben, als . . . ?
Aber warum ist das so?
Angenommen, Sie haben eine Firma und wollen damit Geld verdienen. Sie wollen Grundstücke verkaufen, weil Sie gehört haben, daß man damit reich werden kann. Sie schauen sich das Grundstück Ihres ersten Klienten an und nehmen es in Ihre Datei auf. Dort ist gerade ein Gärtner beschäftigt, und Sie sehen, daß er mit dem Verkauf von Büschen und Bäumen gutes Geld verdient. Also entschließen Sie sich, ebenfalls Pflanzen zu verkaufen und nehmen diese mit in Ihr Angebot auf. Der Gärtner erzählt Ihnen von einem automatischen Bewässerungssystem, das sich von selbst verkauft, weil die Leute heutzutage zu faul zum Gießen sind. Natürlich erweitern Sie Ihr Angebot. Die Bewässerungsleute haben gehört, daß heutzutage fast jeder einen Whirlpool haben will . . . Und so ergänzen Sie Ihre Produkt-Palette. Nach 3 Jahren haben Sie mehr im Angebot als Neckermann und Quelle zusammen, aber noch nichts verkauft; denn zur Zeit sind gerade Flüge zum Mars der große Renner, und Sie haben schließlich noch keine Zeit gefunden, auch nur einen Kunden zu besuchen. Denn es gibt ja viel zuviele »todsichere« oder »sich ganz von selbst verkaufende« Produkte.

Angenommen, unser dienendes Selbst würde so arbeiten. Es würde also *alle* jeweils neuen Gedanken, Gefühle und Vorstellungsbilder als richtig einstufen. Wir würden nach kurzer Zeit verrückt werden und nicht mehr wissen, was für uns richtig und falsch ist.

Aus diesem Grund hat sich unser dienendes Selbst entschlossen, nur bis zu einem bestimmten Alter neue Gedanken, Gefühle und Vorstellungsbilder zu speichern und sich dann den Rest des Lebens nach diesen Informationen zu richten.

Wir »wissen« im Alter von 5–7 Jahren »genau« (wir meinen es also zu wissen), was für uns richtig und was falsch ist. Wir meinen zu wissen, welche Rolle uns das Leben zugedacht hat und was wir zu tun und zu lassen haben, um an das zu kommen, was wir für erstrebenswert halten.

In unserem o. g. Beispiel heißt das:
Wir schauen uns um, was uns am besten entspricht, entscheiden uns für ein Produkt und halten es für das (derzeit) einzig wahre und richtige und verkaufen es dann natürlich auch mit Erfolg.

Ich habe Hunderte von Verkäufern trainiert und folgendes herausgefunden:

Ein Verkäufer ist solange erfolgreich, wie er davon überzeugt ist, daß er allein das beste und einzig wahre Produkt hat. Ich habe eine Menge hochintelligenter Leute getroffen, die alle Voraussetzungen eines guten Verkäufers hatten, die genau wußten, wie es geht, aber sofort das Produkt unter die Lupe nahmen, seine Fehler und Nachteile fanden und nicht ein Stück verkaufen konnten. So rannten sie von einer Firma zur anderen, machten überall einen sehr guten Eindruck und verkauften nichts.

Ähnlich würde es unserem dienenden Selbst gehen.
Wenn es heute davon ausgehen würde, daß die heutigen Eindrücke zeigen, wie die Welt wirklich ist, und morgen die morgigen usw., dann müßte es jeden Tag von vorn beginnen, alle Eindrücke und Informationen neu zu verarbeiten und einzuordnen.

Es wäre wie eine Software im Computer, die wir täglich erneuerten und verbesserten, anstatt mit ihr zu arbeiten.

Damit wir aber unser Leben nicht mit täglich neuen Programmierungen anders beleuchten, sondern auch einmal Resultate erzielen, verbringt unser dienendes Selbst die ersten Jahre unseres Lebens damit herauszufinden, was wirklich wichtig ist und wie man im Leben weiterkommt.

Natürlich ist das, was bis zu dem genannten Alter erlebt und als richtig abgespeichert wurde, nicht wirklich richtig und auch nicht wirklich wahr. Erstaunlich ist jedoch, daß gerade diese Programmierungen die wichtigste Grundlage für Erfolg sind. Ein Kind *braucht* klare Haltepunkte. Es will dringend wissen, was richtig und falsch ist und kann und will nicht länger warten herauszufinden, wie die Welt *wirklich* aussieht. Sondern es will mit den bereits gespeicherten Programmen endlich etwas anfangen.

Die Haltepunkte sind z. B.:

»Wenn ich nur genug leide, dann kümmert man sich auch um mich!«

»Wenn meinem Bruder etwas zustößt, bin ich dafür verantwortlich!«

»Wenn ich versage, bekomme ich wenigstens Trost!«

»Wenn ich nicht gewesen wäre, dann hätte meine Mutter nicht zu heiraten brauchen!«

»Wenn ich viel arbeite, dann erkennt man mich an!«

»Wenn ich reich bin, dann komme ich nicht in den Himmel!«

»Wenn ich schreie, bekomme ich, was ich will!«

Jeder von uns hat solche Haltepunkte, nach denen er sein Leben ausrichtet. Diese Haltepunkte werden für die meisten Menschen zur sich selbst erfüllenden Prophezeiung!

Unser uns dienendes Selbst hat seine einstigen Erfahrungen in den Mittelpunkt gestellt und versucht nun, diese lange zurückliegenden Erfahrungen ständig als Lösung für bestimmte Situationen herzunehmen.

Nehmen wir das erste Beispiel. Ein Kind bekommt, wie übrigens die meisten Kinder, zuwenig Bestätigung für seine Verhaltensweise. Es kann also gute oder schlechte Noten haben, wünschenswerte oder weniger wünschenswerte Dinge tun und wird einfach nicht oder viel zuwenig bestätigt, ob die Eltern das gut oder nicht gut finden. Lob und Tadel sind also selten.

Das Kind will aber wissen, woran es ist; denn das dienende Selbst braucht endlich Programmierungen, die es ausprobieren und praktizieren kann. Es will wissen, wie es zu Aufmerksamkeit und Bestätigung kommt. Nun kommt irgendeine Kinderkrankheit, ein Unfall oder was auch immer. Die Eltern sind besorgt und kümmern sich um das Kind.

Es registriert: Aha, wenn ich leide, dann bekomme ich das, was ich will.

Jeder von uns hat sich solche Grund-Programmierungen eingehandelt. Und obwohl ich um diese Dinge weiß, ist es mir nicht gelungen, solche Programme bei meinem eigenen Sohn zu verhindern – Gott sei Dank!

Wir brauchen diese Programme also als Haltepunkte und richten unser Leben danach aus, um unsere Erfahrungen damit zu machen. Ganz wenige Menschen finden diese Programme bei sich heraus und lösen sie auf. Andere wenige besuchen Seminare dafür. Doch die meisten spulen ihr gesamtes Leben nach diesen Programmen ab und kriegen überhaupt nicht mit, was auf diesem Planeten eigentlich gespielt wird.

Sie spielen statt dessen eine Rolle, die sie für ihr Schicksal, ihre Bestimmung halten und sind nur eine Figur, die von anderen gesetzt wird.

Wäre es für Sie interessant herauszufinden, wie Sie Figuren setzen, anstatt selbst gesetzt zu werden? Wären Sie bereit, für diese Antwort alle Ihre bisherigen Vorstellungen von Wirklichkeit, von richtig und falsch, von wichtig und unwichtig aufzugeben? Richtig aufzugeben – so, wie Sie ein Paket bei der Post aufgeben – tschüs, ade auf Nimmerwiedersehen, meine ich allerdings.

Haben Sie die Nase voll von oberflächlichen Gesprächen, von Show, von sich nach anderen richten, von Blabla? Haben Sie die Nase wirklich gestrichen voll und nicht nur für ein paar Wochen Urlaub davon?

Sie werden die Geheimnisse Ihres Daseins nicht erkunden, wenn Sie die Spiele der Umwelt nach wie vor brauchen, wenn Sie nur Ihre Gesprächsgruppe wechseln und heute über Kristalle diskutieren, anstatt über Umweltverschmutzung. Vergessen Sie, was andere sagen, was andere von Ihnen halten, was andere für richtig halten, und vor allem, vergessen Sie die Masse; denn die Masse läuft mit Programmen herum, die sie selbst nicht kennt. Die Masse wird gesetzt! Können Sie das? Können Sie die Masse vergessen, und können Sie sich selbst in den Mittelpunkt Ihres Lebens stellen?

Was kann ich aus diesem Kapitel lernen und erkennen und für mein Leben in Erfolg UND Erfüllung umsetzen?

Bernd Bauer, 7036 Schönaich, HMI

„Wenn ich genau weiß, was ich will,
dann erreiche ich auch das, was ich will!"

Nur für die Besten: Erfolg UND Erfüllung

CHRONIK 1974

Ich konnte das damals noch nicht; denn das wäre mir zu egoistisch vorgekommen (in Wirklichkeit wollte ich damit nur von mir selbst ablenken). Ich brauchte nach wie vor Freunde, die noch weniger eine Persönlichkeit waren als ich, um mir selbst zu beweisen, daß andere noch viel mehr an sich zu arbeiten haben. Und so habe ich MZE viel zu verdanken; denn die anderen sagten zu mir, ich sei so negativ, daß ich mich erstmal in meinem eigenen Labor entwickeln lassen solle, und genau das habe ich bei und mit MZE tun können.

Und auch für viele andere tat sich eine neue Welt auf, nämlich für die, die begriffen hatten, daß Erfolg in erster Linie etwas mit Eigeninitiative und Leistung zu tun hat.

Es war die Zeit der neuen Verkaufs-Organisationen. Die HMI wurde gegründet, und die besten MZE-Verkäufer waren von Beginn an dabei. Amway kam nach Deutschland, die Bonnfinanz lief an und danach die vielen Strukturvertriebe, aus denen sich dann später die INTRA, IBV, FIDUM, R&S, PHOENIX, METROPOL, IMMOS und viele andere entwickeln sollten, meist im Anlage- oder Versicherungsbereich.

Junge Leute bekamen hier eine Chance, sich erst einmal Gedanken darüber zu machen, was sie alles aus ihrem Leben machen können, wenn sie sich die Welt einmal von der positiven Seite ansehen und beginnen, an ihre Fähigkeiten zu glauben.

Der erste Schritt war für mich also MZE. Und MZE hat mir geholfen aufzuhören, mich nach der Masse zu richten und mir den Mut gegeben, das zu tun, was ich selbst für richtig halte. Und genau das war der wichtigste Punkt, wie ich später noch herausfinden sollte.

Aber zuerst saß ich einmal auf der Straße; denn die Nachfolgefirma von MZE, die MOTIVA, lebte genau ein Jahr, und dann auch ein »Aus« wegen sogenannten unlauteren Wettbewerbs. Auch diesmal verlief die Sache im Sand. Aber die Firma war kaputt und mit ihr die Hoffnung von Tausenden junger Menschen, mehr aus ihrem Leben zu machen.

Danach machte man sich Gedanken und fand Wege, Strukturvertriebe aufzubauen, die rechtlich nicht nur einwandfrei, sondern auch vom Image her akzeptiert wurden.

Also, was nun?
Gisela und ich besuchten dann weiterführende Seminare, in denen wir einen tieferen Einblick in die Psyche bekamen. Damals war das ein wichtiger Schritt, aber wir fühlten, daß das auch noch keine vollständige Antwort auf unsere Frage nach Erfolg UND Erfüllung war und suchten weiter.

Mein Geschäft hatte ich inzwischen verpachtet und wegen Übermotivation bei MZE es nicht für nötig gehalten, mir den Pächter genau anzusehen.

Um es kurz zu machen (ausführlicher können Sie es in »Die Zehn Gebote für Ihren Erfolg« lesen), ich hatte einen Berg voller Schulden und spürte, daß Motivation allein nicht ausreicht.

Ich spürte, daß ich nach wie vor noch nicht den Mut hatte, mich selbst in den Mittelpunkt meines Lebens zu stellen und irgendwie vor mir selbst davonlief.

NUR FÜR DIE BESTEN: ERFOLG UND ERFÜLLUNG

Was kann ich aus diesem Kapitel lernen und erkennen und für mein Leben in Erfolg UND Erfüllung umsetzen?

Gabi und Franz Bauriedl, 8100 Garmisch-Partenkirchen, F.X.B.-Management-Service:

„Nur, wer sich auf den Weg macht, seine eigene Wahrheit zu finden, seine eigene Aufgabe anzunehmen, sich selbst zu akzeptieren und sich selbst so zu entwickeln, wie es seiner Persönlichkeitsstruktur entspricht, wird die Wahrheit erkennen und darauf vertrauen, daß er schon immer wußte, was er wissen mußte, daß er weiß, was er heute wissen muß und, daß er wissen wird, was er morgen wissen muß."

ALFRED R. STIELAU-PALLAS

WO IST DER MITTELPUNKT MEINES UNIVERSUMS?

Können Sie sich selbst in den Mittelpunkt Ihres Universums stellen?
Sagen Sie nicht, das ist egoistisch! Alle stellen sich in den Mittelpunkt ihres Universums, weil wir gar nicht anders denken können! Sie sind immer im Mittelpunkt Ihres Universums, selbst, wenn Sie auf den Mond fliegen oder sogar diese Galaxie verlassen. Einen nehmen Sie immer mit, und das sind Sie! Also rennen Sie nicht länger vor sich weg, sondern bleiben Sie hier, hier bei sich.
Ganz nahe...
Noch näher...
Bleiben Sie bei sich...
Bleiben Sie in Ihrem Zentrum, und dann sind Sie am Ziel.

»Ich bin der Mittelpunkt MEINES Universums!«

Hört sich doch gut an – oder?
Ich hatte Ihnen vorher gesagt, daß Sie keine Angst haben dürfen, was die anderen darüber denken, aber Sie brauchen es auch keinem anderen zu verraten.

»Ich bin der Mittelpunkt MEINES Universums!«

Machen Sie sich damit erst einmal vertraut. Und wenn Sie Einstein fragen würden, der würde Ihnen glatt recht geben; denn nachdem alles relativ ist und vom Beobachter abhängt, würde er Ihnen lediglich antworten: „Das ist in Ordnung, und ich bin der Mittelpunkt MEINES Universums!"

Also noch einmal:

Nur für die Besten: Erfolg und Erfüllung

»Ich bin der Mittelpunkt meines Universums!«

„Aber..."
Nicht doch jetzt schon! Lesen Sie doch erst einmal weiter!
Das »Aber...« kommt nicht wirklich von Ihnen, es kommt von einem Ihrer Programme! Sie sind programmiert und lassen sich von den Programmierern lenken!

Haben Sie schon einmal beobachtet, wie ein Mercedes-Fahrer, der im Rückspiegel einen BMW sieht, aufs Gas tritt – genauso automatisch wie ein programmierter Computer? Ach so, Sie fahren einen BMW? Na, dann kennen Sie das ja, wenn ein Mercedes in Ihrem Rückspiegel auftaucht.

Haben Sie Fußgänger über die Autofahrer schimpfen hören, die anschließend als Autofahrer über die Fußgänger schimpften? Alles programmierte Computer, die gern mit Frau oder Herr Mensch angesprochen werden. Natürlich bin auch ich so ein Computer, aber ich weiß es inzwischen und mache mir nichts mehr daraus.

Möchten Sie sich weiterhin identifizieren – mit Ihrem Auto, Ihrem Haus, Ihrem Job, Ihrem Stuhl usw.?
»Mein Auto, mein Haus, mein Job, mein Stuhl...«
Ich wette, daß viele es sich gefallen lassen, wenn sie gesagt bekommen, daß sie ein Idiot sind. Aber wehe es sagt einer etwas gegen ihr Auto...
Wir identifizieren uns mit Dingen, die wir eigentlich nur benutzen wollten, nicht unbedingt besitzen, geschweige denn von ihnen besessen werden.
Wie kommt so etwas zustande?
Wir leben nicht in der Realität, sondern in der Relativität.

Unser Vater und unsere Mutter sind nicht wirklich so, wie wir sie sehen, sondern wir haben sie uns so gemacht!

Wie wir bereits wissen, haben wir in unserer Kindheit verschiedene Schlüsselsituationen gehabt. In diesen Situationen hat sich unser Vater oder wer auch immer so und so benommen. Und zwar meist anders, als wir es von ihm erwartet hatten. Nun hatten wir dieses Erlebnis und die Reaktion, und schon packen wir das ganze in die Schublade: „So ist er oder sie."

Sobald wir im Laufe der nächsten Monate weitere Erlebnisse mit diesem Menschen hatten, die diese Meinung unterstützten oder sogar bestätigten, wurde das Bild dieser Schublade immer klarer (in Wirklichkeit aber unrealistischer) und unumstößlicher.

Lassen Sie uns ein anderes Gedankenbild verwenden, um diese Situation noch plastischer darzustellen.

Angenommen, unsere Gedanken sind Schöpfungen, also Gedankenwesen, die wir erschaffen. (Erzählen Sie aber nun nicht herum, daß der Pallas geschrieben hat, Gedanken sind Wesen!) Also, wir haben einen Vater und schöpfen uns aufgrund der Erfahrungen, die wir in den ersten Lebensjahren mit ihm gemacht haben, ein Gedankenwesen, das dem Bild entspricht, das wir von unserem Vater haben. Ebenso haben wir eine Mutter und ein Gedankenbild, das dem Bild entspricht, das wir von unserer Mutter haben.

Von nun an nehmen wir unsere Eltern nicht mehr als Realität wahr, sondern sehen nur noch die Gedankenwesen, die wir uns von ihnen erschaffen haben. Und da passen dann alle Verhaltensweisen nicht hinein, die anders sind als die Bilder, die wir uns von ihnen gemacht haben. Und wenn sie sich dann doch einmal anders verhalten, als wir das erwarten, dann nehmen wir das entweder nicht wahr oder: „Das hätte ich nicht für möglich gehalten!"

Nur für die Besten: Erfolg und Erfüllung

Und damit sagen wir genau das aus, was Realität ist. Wir halten (in unserem Gedankenbild) das und das für möglich, und etwas anderes hat hier nichts zu suchen. Diese Überraschungen können positiv oder negativ sein, auf jeden Fall kommen sie unerwartet.

Erkennen Sie, wie vage unsere »Realität« ist?

Nun suchen wir uns einen Partner. Erstens haben wir kaum eine Chance, ihn wirklich zu sehen; denn wir haben schließlich schon ein Gedankenbild von ihm. Und wenn sie oder er so aussieht, daß unser Gedankenbild/-wesen eine gewisse Ähnlichkeit damit hat, dann suchen wir bereits nach Übereinstimmungen mit diesem unserem Gedankenbild und nehmen von der Realität kaum noch etwas wahr.

Meine erste Frau war als Gedankenbild/-wesen eine Sophia Loren. Da ich mir klar war, daß sie selbst nicht infrage kam, suchte ich (wenn auch völlig unbewußt) etwas Ähnliches. Als ich in einem Hamburger Freibad ein schlankes Mädchen mit wohlgeformtem Busen, vorstehenden Wangenknochen, großem Mund und strahlenden Zähnen sah, das auch noch dunkle lange Haare hatte, schien mein Gedankenbild damit übereinzustimmen. Ich hatte meine »Loren«. Andere, besonders mein Bruder, waren ganz anderer Meinung. Natürlich paßte auch das in mein Bild; denn sie mußten ja logischerweise neidisch sein.

Wie mein Vater wollte ich nicht werden, also brauchte ich eine Frau, die sich dem Mann gegenüber durchsetzen kann. Auch das paßte, und so heiratete ich eine Frau, die ich eigentlich nie kennengelernt habe. Ich heiratete mein eigenes Gedankenbild/-wesen und gewöhnte mich daran, den Satz:
„Das hätte ich nicht für möglich gehalten!"
immer öfter auszusprechen.

Merken Sie, daß wir uns in einer Gedankenwelt, also in einer extremen Relativität, befinden, anstatt in der Realität? Sagen Sie mir nicht, daß das bei Ihnen ganz anders ist und Sie genau wüßten, was Realität und Sache ist. Sie sind sich Ihrer eigenen Programme vielleicht nur noch nicht bewußtgeworden, und Ihr Ego wird alles dafür tun, um Sie in diesem Glauben zu lassen. Und jetzt gehen Sie hin und kaufen sich lediglich Suggestionskassetten über positives Denken und lassen sich einsublimieren, daß Sie erfolgreich sind. Das Ergebnis ist ein Computer, der sich einbildet, ein erfolgreiches Leben zu leben, ohne jemals mitzukriegen, was Leben eigentlich bedeutet!

Also, ich bin der Mittelpunkt meines Universums, weil ich mich mit meiner relativen Betrachtungsweise immer in den Mittelpunkt stelle – nur stellen kann!

Und wissen Sie, was Ego ist? Ego ist die Summe Ihrer von Ihnen selbst geschaffenen Gedankenbilder, die absolut keine Lust haben, freiwillig abzutreten. Ego ist die Meinung, daß wir aus uns selbst heraus leben könnten, daß wir die Lebensenergie sind, anstatt zu begreifen, daß sie nur durch uns fließt.

Gerade habe ich einen Bauchredner gesehen, der seine Hand nahm, einen Socken darüberzog, zwei Augen daraufklebte, eine Mütze daraufsetzte und eine bemalte Pappe umhing und so eine Figur schuf, in diesem Fall eine Schildkröte. Die Schildkröte freute sich, auf der Bühne zu sein und sprach ganz langsam, um die Zeit zu dehnen und möglichst lange auf der Bühne zu bleiben. Der Bauchredner forderte sie dann auf, sich zu verabschieden. Die Schildkröte sagte: „Nein!" Daraufhin nahm der Bauchredner ihr die Mütze weg und zog ihr die Pappe über den Kopf, übrig

blieb der Strumpf mit den Augen. Sie sagte weiterhin: „Nein!"
Er nahm die Augen weg, zog den Strumpf von der Hand, es blieb nur noch die nackte Hand, die sagte:
„*Neeeeeiii...*"

Genauso kämpfen unsere Gedankenbilder, bis sie erkennen müssen, daß sie von uns geschaffene und von uns abhängige Programme sind. Und genauso kämpfen wir, bis wir erkennen, daß wir nicht die Lebensenergie sind, sondern daß Lebensenergie durch uns fließt, bis wir aufgefordert werden, uns von diesem Planeten wieder zu verabschieden.
Traurig?
Warum?
Wirklich Positives Denken heißt: »Sich über das zu freuen, was bis heute war und was der heutige Tag, der jetzige Augenblick ermöglicht!«

Das Unterbewußtsein nur mit zusätzlichen Programmen zu versorgen, also nur neue Gedankenwesen zu schaffen, ohne die ersten verschwinden zu lassen, bringt uns nur in eine andere Kulisse, aber ändert nicht unsere Persönlichkeitsstruktur. Mit anderen Worten: Solange wir die Alten bleiben, wird sich nichts wirklich Neues in unserem Leben ergeben können.

Was kann ich aus diesem Kapitel lernen und erkennen und für mein Leben in Erfolg UND Erfüllung umsetzen?

Brigitte Berndt, 3110 Uelzen, »Salon brigitte«:

„Wir geben täglich unser Bestes."

NUR FÜR DIE BESTEN: ERFOLG UND ERFÜLLUNG

CHRONIK 1974/75

Ja, aber mein Vater war doch wirklich so!
»Die Reichen sind etwas Besonderes, man gehört dazu oder nicht!«
Aber keine Spur von der Möglichkeit, auch dazu gehören zu können.
»Geld macht auch nicht glücklich!«
»Dafür haben die andere Sorgen!«
»Schuster bleib bei deinen Leisten!«
»Ich bin stolz darauf, aus einfachen Verhältnissen zu kommen!«
Und ich hatte doch von meiner Mutter wirklich nicht soviel Schmuseeinheiten bekommen, wie ich mir vielleicht gewünscht hätte!
Wie sollte ich das denn in meinen Programmen ändern?
Wie sollte ich löschen, was nun einmal Realität war?
Wie sollte ich mich in den Mittelpunkt stellen, wenn ich doch bei meiner Mutter gesehen hatte, daß sie sich lieber hinten anstellte und uns allen den Vortritt gab?
Wie sollte ich mich in den Mittelpunkt stellen, wo doch mein Vater nie im Mittelpunkt stand, außer in unserer Familie?
Wie sollte ich daran glauben können, daß ich etwas Besonderes wert bin?
Ich war wirklich nicht dazu erzogen worden, die Nummer Eins zu sein, an mich zu glauben oder etwas Großes zu erreichen. Und meine Eltern waren einfache Leute, ob ich mir das nun eingeredet hatte oder nicht, daran konnte ich heute auch nichts mehr ändern.

Ich spürte, daß mich diese Vergangenheit nicht loslassen wollte. Ich spürte, daß ich nicht über einen bestimmten Punkt hinauskommen würde.

Hatte ich mir durch MZE nur Flausen in den Kopf gesetzt? Die Realität zeigte mir meine Schulden. Hatte ich nicht schon zu positiv gedacht, oder war ich sogar schon zu ich-süchtig geworden und wurde nun für meinen Übermut bestraft?

Mein Vater hat nie wirklich an einen strafenden Gott geglaubt, aber er war trotzdem eher geneigt, daran zu glauben, daß man ihm wieder eins auswischt, ihn wegen seines hohen Grades an Taubheit benachteiligt, bevor er daran glauben konnte, daß das Glück auf seiner Seite stand.

Er konnte nur daran glauben, daß er für jedes bißchen Glück hart arbeiten mußte. So kannte er auch keine Ruhe, kein »Sich-etwas-gönnen«, und so konnte auch ich nur an harte Arbeit glauben.

Natürlich hatte das auch etwas Gutes; denn ich konnte dadurch wirklich mehr leisten als andere. Schließlich war ich es nicht nur gewohnt, viel zu arbeiten, sondern auch kreativ genug, tatsächlich etwas zustande zu bringen. Aber irgend etwas hielt mich zurück, und ich spürte, daß mich schon immer irgend etwas zurückgehalten hatte. Aber was?

Konnte es sein, daß es wirklich Menschen auf der Gewinnerseite und andere auf der Verliererseite gab, ohne eine Möglichkeit zu haben, dies beeinflussen zu können?

Gab es wirklich Menschen, die zum Arbeiten verurteilt waren, während andere die Nutznießer waren?

Wo war die Gerechtigkeit auf dieser Welt zu finden?

Sollte das alles ein so mieses Spiel sein, daß ich machen

konnte, was ich wollte, und immer nur beschränkte Resultate erzielen würde?
Würde ich immer wieder verlieren, was ich mir aufbaute, während andere stets die Gewinner blieben?
Vater hatte früher viele Erfindungen gemacht und sie dem »Reichsministerium« angeboten. Jedesmal erhielt er die Antwort, daß man gerade auch dabei sei, sich damit zu beschäftigen. Einige dieser Erfindungen konnten erst heute realisiert werden, weil er damals seiner Zeit voraus war und nicht das »Know-how« besaß, sich zu vermarkten.
Sollte auch ich dieses Schicksal teilen müssen?

Was kann ich aus diesem Kapitel lernen und erkennen und für mein Leben in Erfolg UND Erfüllung umsetzen?

Doris Böckmann, 4590 Cloppenburg, Sportstudio:

„Alles und jeder trägt dazu bei, mich weiterzubringen."

NUR FÜR DIE BESTEN: ERFOLG UND ERFÜLLUNG

PERFEKTER ALS EIN HOLLYWOOD-FILM

Vielleicht merken Sie schon, daß dieses Buch vom Eingemachten handelt. Das Eingemachte sind die Konserven, die wir uns als Sicherheit in den Vorratsraum gestellt haben, falls...
Falls was?
Womit können wir uns denn überhaupt absichern auf diesem Planeten und mit diesem Leben?
Mit Geld?
Mit Gold?
Mit Aktien?
Mit einem Atombunker?
Mit einem Grundstück in Neuseeland?
Vor lauter Absicherung haben wir gar keine Zeit mehr zu leben!
Absicherung heißt: unsere alten Gedankenwesen zu füttern, anstatt sich lieber von ihnen zu verabschieden.
Absicherung heißt: zu meinen, daß wir das Leben austricksen könnten.
Absicherung heißt: sich nicht verabschieden zu wollen, auch wenn uns der Strumpf schon über den Kopf gezogen wird und wir erkennen müssen, daß die nackte Hand sich nicht selbst zum Leben erwecken kann.
Haben Sie von den Ausgrabungen in Pompeji gehört? Dort fand man unter Asche begrabene Menschen, die mit ihrem Gold in der Hand immer noch nicht begreifen wollten, daß ihnen ihre Schätze keine Sicherheit gegen den Lavastrom waren.
Sie konnten ihre Gedankenwesen nicht loslassen: „Das

kann doch nicht wahr sein, daß ich mich so geirrt haben soll . . . !"

Als Louis Pasteur sich an die Arbeit machte herauszufinden, wie man Bakterien abtöten kann, lachten ihn die Mediziner aus, weil sie nicht an die Existenz von Bakterien glaubten. „Er sucht etwas, was noch keiner gesehen hat!" spotteten die altehrwürdigen Herren.

Solange es Ihnen wichtiger ist, nicht verlacht zu werden als Lebenserfolg zu haben, wird Ihnen Ihr Positives Denken nicht sehr helfen. Erst, wenn Sie über sich selbst lachen können und Ihre alten Programme verabschieden, wenn Sie über Ihren eigenen Schatten springen können, dann –
Aber darüber erst im nächsten Kapitel.

Also, schauen wir uns erst einmal an, wie in Hollywood ein Film produziert wird.

Zuerst gibt es ein Drehbuch oder noch besser einen Drehbuchautor, der ein Drehbuch schreibt. In diesem Drehbuch steht all das drin, was gesagt werden soll und von wem es gesagt werden soll. Der Regisseur, der das Drehbuch gelesen hat und sich damit identifizieren kann, sorgt dann auch dafür, daß es im richtigen Tonfall von den richtigen Leuten gesagt wird, und hat deshalb auch großen Einfluß auf die Auswahl der Schauspieler.

Natürlich hat das Drehbuch auch einen Titel.

»Ich blicke da nicht durch!«

Mit diesem Drehbuch-Titel wollen wir in unserem Beispiel einmal arbeiten, um zu sehen, was alles erforderlich ist, um einen Film drehen zu können, der diesem Titel auch gerecht wird. Wir gehen die Sache natürlich positiv an und suchen uns einen Hauptdarsteller, der alle Anlagen hat durchzu-

Nur für die Besten: Erfolg und Erfüllung

blicken; denn es soll ja kein langweiliger Film werden. Einen Dummen nicht durchblicken zu lassen, wäre nicht hollywood-like, das wäre alltäglich.

Die Handlung wird so aufgebaut, daß unser Hauptdarsteller in viele Situationen kommt, in denen es für ihn unmöglich ist durchzublicken, obwohl alle anderen Beteiligten dies offensichtlich leicht können. Sei es, daß die anderen mehr Informationen besitzen, einen anderen Blickpunkt oder andere Voraussetzungen haben, unserem Hauptdarsteller wird es jedenfalls schwer gemacht.

Die Drehorte sind natürlich Plätze, an denen nur Insider durchblicken können. Die Kulisse, die Farben, die Musik und die Kleidung unterstützen die Stimmung. Die Aussagen sind genau abgestimmt, und ein Schauspieler, der nicht genau sagt, was er sagen soll, wird natürlich gefeuert, oder ihm wird während der Aufnahme das Mikrofon abgeschaltet.

Der Regisseur sagt also dem Kameramann genau, welchen Ausschnitt er zu wählen hat, was also aufs Bild darf und was nicht. Der Tonmeister ist auch genau informiert, und die Leute für die Beleuchtung wissen ebenfalls, was sie wie zu beleuchten haben, wen sie in welches Licht setzen sollen.

Natürlich können nicht alle Szenen in der richtigen Reihenfolge gedreht werden, aber dafür gibt es schließlich anschließend den Schnitt.

Hier wird alles herausgeschnitten, was nicht ausdrücklich im Drehbuch steht. Hier werden Szenen vertauscht, bis alles so aussieht, wie es das Drehbuch erfordert.

Der Film wird vorgeführt, und der Regisseur schaut sich sein Werk voller Zufriedenheit an und sagt: „Jawohl, genau so ist es richtig!"

Haben Sie schon einmal bemerkt, wenn Sie sich in einer

größeren Gruppe aufhielten, zum Beispiel auf einer Party, und um Sie herum laut gesprochen wurde, daß plötzlich Ihr Name fiel? Eigentlich hätten Sie das gar nicht hören können; denn Sie waren selbst in ein Gespräch vertieft, und die Person, die von Ihnen sprach, war in der anderen Seite des Raumes. Vielleicht gelang es Ihnen sogar, das Gesprochene Ihres Nachbarn zu überhören und zumindest Wortfetzen aufzufangen, die von der Person kamen, die von Ihnen sprach.

Da war Ihr Tonmeister zu Werke, der das Mikrofon genau auf das lenkte, was Sie hören wollten.

Haben Sie schon einmal bemerkt, wenn Sie sich ein neues Auto kauften, daß dieser Typ plötzlich viel häufiger zu sehen war?

Da war Ihr Kameramann zu Werke, der seine Kamera nun viel häufiger auf das lenkte, was Sie sehen wollten.

Haben Sie bemerkt, als Sie begannen, sich mit dieser Thematik zu beschäftigen, daß Sie überall auf Artikel, Bücher, Kassetten darüber aufmerksam wurden?

Da war der Requisiteur zu Werke, der aufpaßt, daß alles zur Szene paßt.

Haben Sie schon einmal bemerkt, daß Sie ganz bestimmte Leute anziehen und mit ganz bestimmten Leuten nichts, aber auch gar nichts zu tun haben wollen und absolut kein Wort von diesen Leuten hören wollen oder jedes Wort von denen sofort negativ bewerten?

Da war Ihr Regisseur zu Werke, der die Schauspieler aussucht, die in Ihrem Leben eine Rolle spielen sollen, und alle Schauspieler fernhält, die nicht in Ihren Film passen.

Haben Sie schon einmal erlebt, daß Sie sich mit Ihrem Partner, Ihren Geschwistern oder Eltern darüber stritten,

daß ein bestimmtes Erlebnis zu einem anderen Zeitpunkt stattfand, als Sie meinten. Und sogar, als Sie nachgewiesen bekamen, daß der andere recht hatte, sagten: „Ich kann mir nicht helfen, aber ich bin so sicher, daß es vorher war..."
Da war Ihr Schnittmeister zu Werke, der Ihre Szenen so vertauschte, daß sie für Sie logisch zusammenpassen.

Haben Sie schon einmal bemerkt, daß Sie sich an einige Situationen aus der Kindheit bis in alle Einzelheiten genau und an scheinbar wichtigere oder eindrucksvollere Ereignisse überhaupt nicht mehr erinnern können?
Diese Szenen wurden einfach herausgeschnitten, weil sie für Ihren Film nicht passend waren.

So, und nun zu unserem Film-Beispiel. Der Film »Ich blicke da nicht durch« ist ein typisches Drehbuch für alle, die in den ersten 8 Lebensjahren einen Elternteil (meist den Vater) verloren haben. Ob durch Tod, Scheidung oder weil die Mutter einen anderen Mann geheiratet hat, ist unerheblich. Dieses Drehbuch trifft auch dann auf ein Kind zu, wenn es in der Familie irgendwelche Geheimnisse gibt, über die nicht gesprochen wird.

Wie sich solch ein Drehbuch auswirkt, ist total verschieden. Nehmen wir wieder ein Beispiel: Ernst verlor seinen leiblichen Vater im Krieg, und die Mutter heiratete einen anderen Mann, als Ernst gerade 1 Jahr alt war. Dem Jungen soll diese Geschichte erspart bleiben, aber irgendwie fühlt er, daß etwas nicht stimmt. Sein Hauptanliegen ist es herauszufinden, was da nicht stimmt. Aber, was er auch anstellt, er kommt immer zu dem Resultat: „Ich blicke da nicht durch!"; denn er traut sich auch nicht, seine Mutter direkt zu fragen, oder sie gibt immer nur ausweichende Antworten.

Ernst wird ein Mensch mit dem überdurchschnittlichen

Drang nach Wissen. Er will alles wissen und ahnt dennoch in sich, daß er machen kann, was er will, er wird wieder nicht durchblicken. So sammelt er noch mehr Wissen und noch mehr Wissen und merkt überhaupt nicht, daß er eigentlich gar nicht voll durchzublicken bräuchte, um Resultate zu erzielen. Andere bringen es mit viel weniger Wissen wesentlich weiter. Aber er steht halt unter dem Zwang seines Drehbuches und sammelt weiterhin Wissen, nur um zu wissen, daß er da sowieso nicht durchblicken wird.

Das Drehbuch wird zur sich selbst erfüllenden Prophezeihung; denn der stärkste Trieb ist:
Wissen Sie es noch?
Genau!
„Hauptsache, ich habe recht!"
Und derjenige in uns, der darauf achtet, daß wir recht haben, ist der Regisseur, der schließlich die Aufgabe hat, einen perfekten Film zu drehen und natürlich alle Mittel einsetzt, um diese Aufgabe optimal zu erfüllen. Und was ein richtiger Hollywood-Regisseur ist, dem ist es auch egal, ob die Szenen auf Realität beruhen oder nicht. Hauptsache, er kann sich den Film anschließend auf der Leinwand ansehen und zu sich sagen:
„Jawohl, genauso ist es richtig!"

Nun gibt es Seminare, in denen das Leitmotiv herausgefunden wird, das allerdings nicht viel hilft; denn es ist konträr zum Drehbuch. In unserem Beispiel würde es wahrscheinlich heißen: „Ich muß mehr wissen als andere!"
Wenn sich dieser Mensch nun auch noch im Alpha-Zustand, per Hypnose oder mittels Subliminal-Kassette einprogrammiert, erfolgreicher zu werden, seine Ziele zu erreichen oder sich besser konzentrieren zu können, dann heißt dies für

ihn, sich noch mehr Wissen anzueignen mit dem Ergebnis, mit noch größerem Wissen zu erkennen: „Ich blicke da nicht durch!"

Der Aufwand ist enorm, der Film ist perfekt, und wenn ein Film abgedreht ist, wird der nächste schon produziert. Die Schauspieler werden gewechselt, die Kulisse wechselt, aber der Titel bleibt, und so erkennt man eines Tages nach vielen ähnlichen Filmen:

„Irgendwie kommt mir das alles bekannt vor!"

Kommt Ihnen das auch bekannt vor?

Wenn nicht, dann drehen Sie ruhig erst noch ein paar Filme ab, und legen Sie das Buch solange noch einmal in die Ecke. Tschüs bis später!

Was kann ich aus diesem Kapitel lernen und erkennen und für mein Leben in Erfolg UND Erfüllung umsetzen?

Klaus Bolz, 8450 Amberg, WVG – Vertriebsorganisation, Direktion Amberg:

„Jeder Widerspruch bedarf der Ergänzung."

Nur für die Besten: Erfolg und Erfüllung

CHRONIK 1974/75

Auch wir hatten damals in einem Seminar unser »Leitmotiv« gefunden. Meins war: »Ich bin erst zufrieden, wenn ich mehr leiste als andere!« „Nun leiste mal schön", hatte Dr. Walter Stille damals zu mir gesagt. Und das habe ich dann auch nach wie vor getan. Aber eigentlich hatte ich mir eine Auflösung erhofft. Ich dachte, daß ich nach dem Seminar genau weiß, was ich tun und nicht tun muß, um endlich mehr Erfolg zu haben, und ich dachte, daß ich meine auf »bete und arbeite« programmierte Erziehung irgendwie hinter mir lassen konnte.

Auf jeden Fall habe ich diesen Seminaren zu verdanken, daß ich aufgehört habe, innerlich anderen die Schuld für meine Situation zu geben. Mir gelang es, meine Exfrau innerlich loszulassen und vor allen Dingen, meinen Expächter zu vergessen.

Ich begann, mit mir ins Reine zu kommen. Je mehr ich mich auf meine tägliche Arbeit konzentrierte, losgelöst von der Vergangenheit, um so klarer wurde es in meinem Kopf.

Aber bei allem, was ich auch anfaßte, spürte ich meine alte Programmierung, die mir immer sagte, daß ich nicht als Sieger geboren sei, daß ich nur zum Schaffen gut sei, aber nicht zum Gewinnen.

Ich tat mit Begeisterung Dinge, die mir keine Mark einbrachten, und die Dinge, die Geld ins Haus gebracht hätten, faßte ich so an, daß sie zwar gut aussahen, aber nicht in bare Münze umzusetzen waren.

Es war eine Zeit des Umbruchs. Vorher lief doch alles!

Ich hatte stets meine Ziele erreicht, war bei Rollei zum Schluß der jüngste Techniker in der Versuchsabteilung, hatte dann den Sprung direkt zum Geschäftsführer eines Fotogeschäftes geschafft und eröffnete danach ein eigenes Geschäft, in dem ich schon nach einem Jahr ebensoviel Umsatz machte wie mein Mitbewerber. Und auch bei MZE und MOTIVA war ich bereits nach 3 Wochen Sprecher für die »Go-Touren«, und nach kurzer Zeit erbrachten meine »Go-Touren« den besten Umsatz. Und bei MOTIVA war ich nach wenigen Monaten einer der beliebtesten Seminarleiter und zum Schluß auch Ausbilder für die Sprecher.

Aber ich wollte stets mehr erreichen. Andere erklärten mich für verrückt; denn ich war ihnen immer voraus, und es wäre ihnen lieber gewesen, wenn ich da geblieben wäre, wo ich war. Doch ich wollte weiter. Und jedesmal verlor ich meinen gesamten Bekanntenkreis, für den ich nun »was Besseres« war und gewann neue Kontakte und Beziehungen.

Wenn ich doch damals schon das Buch »Pauanui – eine Geschichte aus Neuseeland« in die Finger bekommen hätte, aber das wurde ja leider erst später geschrieben . . .

Ich hing irgendwie in der Luft und spürte, daß ich etwas können müßte, was ich nicht kann, nämlich:

Nur für die Besten: Erfolg UND Erfüllung

Was kann ich aus diesem Kapitel lernen und erkennen und für mein Leben in Erfolg UND Erfüllung umsetzen?

Petra Semle, 7322 Donzdorf:

„Hören Sie auf, besser als andere zu sein, und beginnen Sie, besser als gestern zu sein!"

Alfred R. Stielau-Pallas

ÜBER DEN EIGENEN SCHATTEN SPRINGEN

Na, Sie lesen weiter?
Nur, weil Sie das Buch nun schon in den Händen haben oder weil Ihnen die Situation bekannt vorkommt?
Wenn Sie weiterlesen, nur weil Sie sich das Buch gekauft haben, wartet nur Frust auf Sie; denn Sie werden es nicht wirklich begreifen. Stellen Sie es lieber in den Schrank, und tun Sie etwas Besseres.
Ihnen kommt das bekannt vor?
Schön, dann wird Sie der Rest des Buches nicht nur interessieren, sondern Ihnen auch Schritt für Schritt aufzeigen, wie Sie Ihre alten Programme in den Griff bekommen. Der Preis, den Sie dafür bezahlen müssen, kostet zwar keinen Pfennig Geld, aber wahrscheinlich große Überwindung.
Haben Sie auch schon einmal das Gefühl gehabt, daß es zur einzig möglichen Lösung eines bestimmten Problems, einer bestimmten Situation notwendig wäre, über den eigenen Schatten zu springen?
Nun, Sie haben da einen richtigen Hinweis von Ihrem intuitiven System bekommen. Allerdings kann Ihre Logik mit diesem Hinweis nichts anfangen, da es ja auch rein logisch absolut unmöglich ist.
Aus diesem Grund wird nicht nur dieser, sondern werden auch viele andere nützliche Hinweise aus unserer Intuition verworfen.
Wir haken die Sache ab und leben weiterhin mit dieser für uns »unlösbaren« Situation oder hadern mit unserem Schicksal, das uns offensichtlich kein besseres Leben zubilligen will.

Nur für die Besten: Erfolg und Erfüllung

Wir akzeptieren damit, unser Leben nicht wesentlich ändern zu können und geben es auf, an ein freies und unabhängiges Leben zu glauben. Wir sind wieder um eine Hoffnung ärmer und schauen uns den nächsten Hinweis unserer Intuition schon gar nicht mehr ernsthaft an.

Wir erkennen also, daß der Gedanke »ich müßte eigentlich über meinen eigenen Schatten springen« zwar einen Lichtschimmer mit sich bringt, aber auch die Unmöglichkeit beinhaltet und damit unweigerlich nur zum Frust führt.

Aber genauso, wie auch der Gordische Knoten und das Ei des Kolumbus mit einer außergewöhnlichen Betrachtungsweise gelöst wurden, so können wir auch den Schattensprung mit einer außergewöhnlichen neuen Betrachtung lösen.

Wenn wir unseren Schatten vor uns sehen, dann weist das erst einmal darauf hin, daß uns die Sonne im Rücken steht, sie uns also nur von hinten bescheint.

Der Schatten, der uns hindert, in ein neues, freies und unabhängiges Leben einzutreten, ist unsere Vergangenheit mit allen unseren Erfahrungen, was wir können und nicht können, was machbar und was nicht machbar ist. Unsere Vergangenheit mit ihren Erziehungsprogrammen, was wir tun und nicht tun, wozu wir geeignet und nicht geeignet sind, was richtig und falsch ist. Unsere Vergangenheit mit ihren Erfolgserlebnissen und Frustrationen, mit ihren Urteilen über andere, was erstrebenswert ist und was nicht, was notwendig ist und was nicht.

Das ist also unser Schatten. Die Ereignisse werfen ihre Schatten voraus, aber sie können nur dann ihre Schatten vorauswerfen, wenn uns die Sonne im Rücken steht. Sobald uns die Sonne von vorn anstrahlt, haben wir unseren Schatten hinter uns gelassen und ihn damit übersprungen!

Eigentlich bräuchten wir nur unseren Körper um 180 Grad zu drehen und hätten mit diesem einfachen Trick unseren Schatten übersprungen oder hinter uns gelassen.

Aber seien wir ehrlich, wer hat schon den Mut, seinen Schatten einfach hinter sich zu lassen und von nun an nur noch in die Sonne zu blicken?

Haben Sie den Mut?

Okay, dann treffen Sie doch gleich einmal die Entscheidung; denn es nur einmal so auszuprobieren, funktioniert nicht.

Ich, _____, treffe jetzt die Entscheidung, meinen Schatten hinter mir zu lassen und mich für den Rest meines Lebens nur noch der Sonne zuzuwenden.

Datum, Ort, Unterschrift

Herzlichen Glückwunsch!

Nun können Sie den folgenden Text täglich für eine Woche lesen, bis Ihnen der Inhalt und die Bedeutung wirklich klargeworden sind:

Ich begreife, daß ich mich selbst vom Licht abgewandt habe. Ich begreife, daß ich mir meinen Schatten mit all meinen Überzeugungen, Standpunkten und auch mit den Wünschen, die nicht zu meiner Persönlichkeit passen, selbst in den Weg gestellt habe.

Nur für die Besten: Erfolg und Erfüllung

Ich habe mich lediglich vom Licht, also von meiner Intuition abgewandt, anstatt ihr zuzustreben, ihr ins Auge zu schauen.

Sobald ich damit beginne, meine Ziele nach dem Licht auszurichten, habe ich automatisch meinen Schatten hinter mir gelassen. Das heißt: ich werde mich nur noch dem Höchsten, Besten und Edelsten widmen, anstatt zu meinen, das Leben erfordere den Kampf um das tägliche Brot.

Solange ich mit Tricks versuche, Zweitrangiges, Unedles oder Ziele zu erreichen, die mir andere eingeflößt haben, solange ich mir also Ziele stecke, die mich nicht ins Licht führen, werde ich natürlich meinen Schatten stets vor mir haben.

Ich will also jetzt wieder fragen:
1. Nutzt mein Ziel anderen?
2. Dient es in irgendeiner Form der gesamten Menschheit?
3. Schadet es keinem?
4. Bin ich also ein Wohltäter der Menschheit?

Die größte Freiheit des Menschen liegt darin, die Entscheidung zu treffen, sich vom Licht abzuwenden oder sich dem Licht zuzuwenden.

Was ist der Unterschied?

Je länger ich mich vom Licht abgewandt habe, um so länger ist der Schatten, der vor mir liegt, um so schwieriger erscheint es mir also, diesen Schatten zu überspringen. Daß dies ein Trugbild ist, zeigt unsere neue Erkenntnis; denn wir brauchen uns nur umzudrehen, uns zum Licht zu wenden, um auf der Stelle unseren Schatten hinter uns zu lassen. Beispiele aus der Vergangenheit zeigen uns, daß es möglich ist, über Nacht vom Sünder zum Heiligen zu werden.

Den Teilnehmern eines Intuitionstrainings hier in Neuseeland habe ich ein kleines Schildchen geschenkt:

Jeder Erleuchtete hat eine Vergangenheit
und jeder Sünder eine Zukunft!

Der Erleuchtete ist deshalb erleuchtet, weil er klar erkannt hat, daß der Schatten zum Licht gehört. Weil er erkannt hat, daß der Schatten Wegweiser ins Licht ist. Und weil er erkannt hat, daß der Schatten eigentlich kein Schatten war, sondern die notwendige Motivation, um sich nach dem Licht zu sehnen. Der Sünder hat eine Zukunft und kann selbst entscheiden, wie seine Zukunft aussehen soll. Wendet er sich weiterhin vom Licht ab, so hat er seinen Schatten weiterhin vor sich.

Den Unterschied kann man am besten erfühlen.
Wie fühle ich mich, wenn ich mich einem Ziel widme, das weder ethisch noch angenehm ist oder zumindest sehr egoistisch? Machen Sie sich klar, daß Ihr Schatten vor Ihnen liegt, daß Sie also von allen Programmen Ihrer Vergangenheit verfolgt werden, daß Ihre Vergangenheit Sie also festhält.

Schließen Sie Ihre Augen für eine Minute, und fühlen Sie, was mit Ihrem Energiepegel geschieht.
Na, wie sieht es mit Ihrer Energie für die Erreichung eines solchen Zieles aus?
Stellen Sie sich nun vor, Ihr Ziel ist das, was Sie sich unter dem Paradies vorstellen. Alles ist in bester Ordnung, alles ist in Harmonie, und Sie sind mit sich und der Welt in Frieden. Um Ihr Ziel zu erreichen, bräuchten Sie sich nur dem Licht zuzuwenden, keinerlei weitere Fähigkeiten sind notwendig, Ihre Vergangenheit spielt absolut keine Rolle!

Schließen Sie bitte wieder Ihre Augen, und erfühlen Sie den Energiepegel!

Nur für die Besten: Erfolg und Erfüllung

Na, was ist leichter und angenehmer zu erreichen?
Je länger wir uns schon vom Licht abgewandt haben, um so länger haben wir natürlich schon in unseren eigenen Schatten geschaut. Wir kennen uns schon zu gut! Wir meinen, daß keine Änderung möglich ist, daß wir für immer und ewig an unsere Vergangenheit gefesselt sind. Wir haben uns daran gewöhnt, unseren Schatten vor uns zu haben, schauen immer mehr in den Schatten und verlieren das Licht zusehends aus den Augen.

Richten wir doch nur endlich unseren Blick auf, um zu realisieren, daß wenigstens um uns herum Licht ist. Und wenn außerhalb unseres eigenen Schattens auch nur Schatten ist, dann zeigt uns das nur, in welcher Gesellschaft wir uns befinden! Sobald wir uns jedoch *anderen* Menschen widmen, werden wir erkennen, daß neben unserem Schatten viel Licht ist.

Wie auch immer wir dieses beispielhafte Bild betrachten, es zeigt uns, daß wir uns dem Licht zuwenden können, anstatt in unseren Schatten zu schauen und daß wir uns mit Menschen umgeben können, die ins Licht schauen, anstatt sich mit den Dingen zu beschäftigen, die ein Vorwärtskommen unmöglich machen.

Die meisten Menschen haben so lange in den Schatten geschaut, daß sie inzwischen lichtscheu geworden sind. Sie gehen deshalb schon gar nicht mehr ans Tageslicht, sondern nur noch des Nachts aus dem Haus, weil es zu frustrierend für sie ist, Menschen im Licht stehen zu sehen.

Ich glaube, daß das der wirkliche Grund für vieles Elend auf diesem Planeten ist. Den meisten Menschen fehlt ein Weg zum Licht aufgezeigt, der für sie glaubhaft ist. Nur an eine Religion zu glauben, ohne damit sichtbare Resultate für die eigene Situation zu erzielen, kann auf die Dauer nicht funktionieren.

Deshalb ist es notwendig, sich den Lebenserfolg Schritt für Schritt anzueignen, anstatt gleich ein Millionärsleben anzustreben. Wer kann schon daran glauben, solange er noch keine wesentlichen Fortschritte erzielt hat? Der Unterschied zwischen Motivation und Frustration ist die Größe des Unterschiedes zwischen der eigenen täglichen Realität und der Vorstellung, die man von seiner Zukunft hat. Ist der Unterschied zu klein, kommt keine Motivation auf, um etwas zu ändern. Ist der Unterschied zu groß, um daran glauben zu können, zerstört der Frust jegliche Tatenergie.

Die richtige Antwort lautet:
Wenn das, was ich erreichen will, Tatenergie in mir freisetzt, dann habe ich die richtige Vorstellung von meiner Zukunft im Verhältnis zu meiner heutigen Realität gefunden.
Also:
Setzt das, was ich mir als Ziel gesteckt habe, täglich Tatenergie in mir frei?
Wenn nicht, stecke ich mir mein Ziel entweder höher, oder ich wähle eins, was ich schneller erreichen kann.

Und nur das ist der Grund, warum so selten jemand über Nacht erleuchtet wird. Alle anderen können nicht daran glauben und müssen deshalb den Weg der kleinen Schritte gehen, der sicher auch der zu empfehlende ist, da auf dem Weg der großen Hoffnung, der den Namen »Alles oder nichts« trägt, die meisten Hoffnungen begraben werden.

Über den Schatten zu springen, erfordert also an erster Stelle, den Wunsch zu haben, ins Licht zu kommen. Dieser Wunsch kann jedoch nur realisiert werden, wenn wir zu den Menschen schauen, die es bereits geschafft haben, anstatt unsere Aufmerksamkeit auf diejenigen zu lenken, die noch im Schatten stehen. Licht statt Schatten! Das heißt im Klartext: Vergessen Sie jede Art von Kritik; denn Sie beschäftigen sich mit Schatten. Vergessen Sie es, das Unerwünschte an anderen zu sehen; denn Sie richten damit Ihren Blick in den Schatten, wenn auch in den Schatten anderer.

Versuchen Sie, das Licht zu sehen, das, was Sie und andere weiterbringt oder weitergebracht hat.
Ich habe nicht gesagt, verlieren Sie die Beziehung zur Realität. Ich habe nur gesagt: Verschwenden Sie keine Zeit, keine Energie, keine Aufmerksamkeit für das, was Sie nicht ins Licht bringt!

Ich kritisiere mich heute auch selbst nicht mehr; denn das ist nur ein Zeichen, daß ich mich wieder nur mit meinem Schatten beschäftige, anstatt meine Sonnenseite zu sehen. Natürlich bin ich selbstkritisch genug, um zu sehen, was ich besser machen kann. Aber ich leide nicht darunter, wenn ich erkenne, daß ich Fehler gemacht habe, sondern setze Tatenergie frei, um mich zu verbessern. Wie sieht es mit Ihnen aus?

Verteidigen Sie Ihre Fehler, anstatt die Energie für Erfolge zu verwenden?

Vertiefen Sie also Ihren Schatten, oder nutzen Sie Ihren Schatten, um sich zum Licht auszurichten?

Sie brauchen nun aber nicht den Guru zu spielen und alles und jeden zu lieben und den Ehrgeiz zu entwickeln, mit jedem gut auskommen zu müssen. Ich bin überzeugt davon, daß hier die meiste Energie der »Positivdenker« auf der Strecke bleibt.

Suchen Sie sich die Menschen aus, mit denen Sie etwas zu tun haben wollen, und lassen Sie die anderen in Ruhe, ohne sie zu kritisieren. Das ist das Geheimnis der Energie-Einsparung. Sie können sich selbst frei entscheiden, mit wem Sie zusammenarbeiten wollen! Es reicht, wenn Sie Verständnis für alle haben, also verstehen, daß jeder seinen Weg so geht, wie er es für richtig hält.

„Nachdem es mir nun von Tag zu Tag besser gelingt, meine Aufmerksamkeit ins Licht zu lenken, kann ich nun auch jeden segnen und werde bemerken, wie mich das Licht erfüllt. Während ich meine Aufmerksamkeit auf das Licht in anderen lenke, öffne ich mir damit das Licht in meinem Leben. Diese Betrachtungsweise hilft mir immer stärker, das in mein Leben zu bringen, was lichtvoll und daher wünschenswert für mich ist."

NUR FÜR DIE BESTEN: ERFOLG UND ERFÜLLUNG

Was kann ich aus diesem Kapitel lernen und erkennen und für mein Leben in Erfolg UND Erfüllung umsetzen?

Ed Decker, 2842 Lohne,
Inhaber der NORDKLIMA GmbH:

„Für ein erfolgreiches und erfülltes Leben ist nicht die Größe der Erfolge ausschlaggebend, sondern das ständige Bewußtmachen der täglichen Erfolgserlebnisse."

Alfred R. Stielau-Pallas

CHRONIK 1975/76

Gerade hatte ich mich an die monatlichen Schecks in Höhe von fünf-, sechs- und siebentausend Mark gewöhnt, als endgültig alles vorbei war.
Bis gestern hatten wir noch davon geträumt und natürlich auch davon gesprochen, daß Geld keine Rolle spielt, und nun spielte Geld die wichtigste Rolle.
Seit dem Erlebnis in der Disco war irgendwas mit uns geschehen. Die vielen kleinen Freuden, die ich früher mit der Schadenfreude über andere hatte, waren plötzlich vorbei. Ich selbst war nun der Schadenfreude anderer ausgesetzt, die mir »ja gleich gesagt hatten, daß das nicht geht.«
Von nun an wohnten wir zusammen, mein Sternchen und ich. Die Scheidungen unserer ersten Ehen waren glatt verlaufen, da wir beide auf den gesamten Haushalt verzichteten. Gisela verzichtete zusätzlich auf ihren Grundstücksanteil, und ich hatte mich zu Unterhaltszahlungen verpflichtet, die uns in der Zeit ohne Schecks von MOTIVA und ohne Firma alles andere als leichtfielen. So verdiente Gisela vorübergehend das Geld, und ich kümmerte mich um den Haushalt und versuchte mich im Außendienst. Sie lesen richtig: Ich versuchte.
Aber wir hatten uns auf das Licht ausgerichtet und waren glücklich. Eine Tasse Kaffee bei Tchibo im Stehen war wie eine Gala im Hilton. Wenn ich meine Mutter besuchte, hoffte ich nur, daß mein Bruder nicht da ist, der mir nur unangenehme Fragen stellen würde. Und wenn ich mit mir selbst ins Gespräch kam, dann hätte ich mich am liebsten auch nicht mit mir getroffen.

Ich mußte vor mir selbst zugeben, daß ich nun in einer Situation steckte, die ich selbst nicht mehr lösen konnte. Und so lernte ich, wieder mit dem Schöpfer zu sprechen. Ich begann zu meditieren und spürte, daß mich dies innerlich ruhiger und zufriedener machte. Aber ich spürte auch, daß die Zeit des Angebens vorbei war. Ich sollte wohl endlich damit beginnen, die Dinge, die ich tue, für mich zu tun und nicht, um anderen damit zu gefallen.

Wir wohnten in der Nähe von Kassel und hatten dort glücklicherweise eine möblierte 2-Zimmer-Wohnung und keine Nachbarn, die uns kannten oder gar Fragen stellten.

Zu der Zeit war ich noch der Meinung, daß Erfolg nur etwas mit Geld zu tun hat. Aber die Situation sorgte dafür zu erleben, daß das Leben mehr zu bieten hat und daß man auch mit nichts glücklich sein kann, vorausgesetzt, da ist die Hoffnung auf – Geld.

Ich meine nicht Geld um des Geldes willen, aber doch wenigstens mehr, als nur über die Runden zu kommen. Und so hatte ich ein Problem. Auf der einen Seite spürte ich, daß es höchste Zeit wurde, mein Ego in den Griff zu bekommen. Und auf der anderen Seite spürte ich, daß so ganz ohne Ego auch der Drive fehlte, etwas auf die Beine zu stellen.

Was kann ich aus diesem Kapitel lernen und erkennen und für mein Leben in Erfolg UND Erfüllung umsetzen?

Elfi Tettmann und Wolfgang Günther, 6000 Frankfurt 71:

„Führen heißt: In anderen Energie freizusetzen, sich selbst zu entwickeln!"

NUR FÜR DIE BESTEN: ERFOLG UND ERFÜLLUNG

DAS EGO, DEIN FREUND UND HELFER

Im ersten Kapitel haben wir erarbeitet, daß unsere alten Programme das Bestreben haben, sich selbst zu erhalten und ab einem bestimmten Zeitpunkt auch keine neuen Programme mehr zulassen. Wie Sie sicher noch wissen, ist dies notwendig, damit wir uns nicht verzetteln und erst einmal mit den Programmen arbeiten, die wir bereits haben, also Ergebnisse erzielen, anstatt nur neue Informationen zu sammeln. Schließlich müßten wir jeden Tag unsere gesamte Software revidieren und von vorn beginnen.

Damit dies nicht eintritt und wir in Ruhe arbeiten können, anstatt auszuflippen, haben wir unseren Freund und Helfer – genannt Ego.

Nun haben sich schon so viele Vorurteile breitgemacht, an denen die Schüler einiger Gurus nicht ganz unbeteiligt sind, die eine Hexenjagd auf das arme Ego ausgelöst haben.

Aber vielleicht beginnen wir besser von vorn.

Vergessen Sie am besten alles, was Sie bisher über Unterbewußtsein, über Ich, über Über-Ich, über Überbewußtsein und was weiß ich noch alles gehört haben.

Also, die Geschichte ist folgende:
Es war einmal ein Engelchen, das ging zum lieben Gott und sagte:
„Lieber Gott, mir ist so stinklangweilig hier im Himmel, daß ich mich nun nach der 7. Ewigkeit in vollkommener Harmonie mit dem absoluten Nichts nach mehr Action sehne."

Der liebe Gott hatte natürlich Mitleid mit dem Engelchen und fragte es, was es denn wolle, worauf das Engelchen antwortete: „Also, ich denke mir, wenn du etwas Handfesteres als das vollkommene Nichts erschaffen könntest, dann müßte es doch auch für mich etwas zu entdecken geben!"

„Frag erst mal, wer noch Interesse daran hätte", empfahl der liebe Gott dem Engelchen, bevor er alles auf den Kopf stellen würde, nur um sich anschließend viel Ärger und Kritik einzuhandeln und dann die Bescherung am Hals zu haben.

Nachdem nun die meisten Engelchen schon einige Ewigkeiten in vollkommener Harmonie im absoluten Nichts verbracht hatten, kam ihnen jede Abwechslung natürlich sehr gelegen, nur hatte noch keines den Mut aufgebracht, den lieben Gott zu fragen. Schließlich wußten alle, daß das absolute Nichts in vollkommener Harmonie und damit auch nicht kritisierbar war, aber eben stinklangweilig – zumindest auf die Dauer.

Also ließ der liebe Gott ein Brainstorming durchführen. Ein Brainstorming sind die ungeprüften und ungeordneten Gedanken von einer Gruppe von Engeln (wurde später auch von den Menschen übernommen), um erst einmal auf neue Ideen zu kommen. Dies erwies sich als nicht ganz einfach, aber war schon die erste willkommene Abwechslung, der man sich 8 Jahrtausende im Glanze des ewigen vollkommenen Lichtes widmete.

Nur für die Besten: Erfolg und Erfüllung

Alle Ideen wurden von den schriftführenden Erzengeln aufgeschrieben und schließlich dem lieben Gott vorgelegt. Er versicherte sich nochmals, ob die Engelchen es auch wirklich ernst meinten, wies auf evtl. Unannehmlichkeiten hin, die im Laufe der ersten Ewigkeit auftreten könnten und machte den Vorschlag, sich das Ganze nach Ablauf der ersten Ewigkeit noch einmal zu überlegen und gegebenenfalls zur vollkommenen Harmonie des absoluten Nichts zurückzukehren. Dies konnte sich zwar keiner vorstellen, aber dennoch wurde dieses Angebot als Möglichkeit angenommen.

Nachdem sich die Erzengel an die Ausarbeitung machten und nach wenigen Millionen Jahren im Glanze des reinen Lichtes ihre Vorschläge unterbreiteten, ließ sich der liebe Gott nur einen Bruchteil der gerade laufenden Ewigkeit Zeit, um eine Möglichkeit anzubieten, die mit allen in vollkommener Harmonie im absoluten Nichts lebenden Wesen in Einklang zu bringen war.

Der Plan war, einen kleinen Teil des absoluten Nichts zu benutzen, um eine Schöpfung daraus zu machen, die in weniger als 16 000 000 000 Jahren, also etwa dem dritten Teil einer Ewigkeit, ein stattliches Weltall auf die Beine stellen würde, das es ermöglichen würde, zumindest auf einer der vielen Kugeln ca. 5 000 000 000 bis 10 000 000 000 Engelchen die Möglichkeit zu geben, darauf herumzulaufen. Natürlich nur, wenn sich die meisten entschließen würden, richtig mit anzupacken.

Als Belohnung wurde ausgesetzt, daß alle, die bis zum Schluß dabei sein würden, für ein paar Jahre als handfeste Wesen auf dieser Kugel tun und lassen dürften, was sie wollen, um dann wieder zurück zur absoluten Harmonie im ewigen Nichts zu kommen und sich so lange auszuruhen, bis sie die Langeweile wieder satt hätten.

Der Himmel war begeistert, aber die Erzengel machten doch einige Bedenken geltend, was die uneingeschränkte Freiheit anging. Schließlich hatte keiner je gelernt, damit umzugehen, und auch die Schöpfung sollte nach dem Plan des lieben Gottes verlaufen.

Nach einer Rücksprache mit dem lieben Gott brachten sie das Angebot mit, daß sich jeder, der nicht wußte, was er tun und lassen oder auch, wie er es tun oder lassen sollte, jederzeit mit sich selbst in Verbindung setzen konnte, um sich Instruktionen zu holen. Die Idee war nämlich, daß jedes Engelchen, nach dem Ebenbild der Schöpfung aus einem Stückchen Nichts, selbst erhalten blieb und nur einen Teil von sich auf die große Kugel schicken würde, um sich dort auszutoben. Der hauptsächliche Rest würde zuschauen und als Berater zur Seite stehen, wenn es schwierig oder unlustig werden sollte.

Und nun sind wir hier. Die Anstrengungen der letzten Jahrmillionen waren groß, und die Belohnung, hier herumlaufen zu dürfen, stinkt uns manchmal genauso wie neulich noch die Langeweile. Aber nun sind wir schon mal hier, und da wollen wir doch auch sehen, daß wir allein klarkommen, anstatt dauernd zu fragen, wo es langgeht – oder? Aber trotzdem laufen einige von diesen langweiligen Typen herum, die wissen, was richtig und falsch ist, weil sie dauernd oben anfragen. Aber, ob die auch Spaß haben?

Also, unser Ego sorgt dafür, daß wir Spaß haben. Und nun wissen Sie auch, wer ständig schreit, daß wir unser Ego wegschmeißen sollen – nur diese langweiligen Typen, die sich jetzt schon wieder nach der vollkommenen Harmonie im absoluten Nichts sehnen. Und wenn Sie nicht gestorben sind, dann leben sie noch heute.

Spätestens beim letzten Satz haben Sie bemerkt, daß das Märchen zu Ende ist.
Kein Ego, kein Spaß!
Es sorgt für Spaß an der Arbeit, Spaß an der Genugtuung, Spaß an Kritik, Spaß am Sieg, Spaß an der Überlegenheit, Spaß daran, sich besser, größer, schöner, fähiger, geeigneter und was weiß ich noch alles zu fühlen als andere.

Leider kann es jedoch nicht dafür sorgen, daß wir im Vergleich zu anderen immer überlegener, besser, größer, schöner, fähiger und geeigneter sind!

Unser Ego, das ist die Steuereinheit, die dafür sorgt, daß unsere alten Programme erhalten bleiben, unsere Meinung, die wir von der Realität haben. Es steuert sowohl unser bewußtes Denken (Tagbewußtsein) als auch unser uns nicht bewußtes Denken (Unterbewußtsein). Es wird in vielen Fällen nicht einmal vom Überlebensprogramm übertönt, was bei jedem der über 15 000 Selbstmorde pro Jahr in der Bundesrepublik Deutschland deutlich wird.

Das Ego kennt keinen Ausweg und zerstört den Körper lieber, bevor es neue Erfahrungen als neue Realität abspeichert! Selbst zum Windsurfen brauchen wir heute schon einen Schein, aber unsere Art zu denken wollen wir erkunden, ohne je auch nur eine Gebrauchsanweisung gelesen zu haben...

Sie lesen übrigens gerade die Gebrauchsanweisung! Allerdings erfahren Sie zuerst, wie es nicht geht, damit ich mir wirklich sicher sein kann, daß Sie nicht nur oberflächlich, sondern tatsächlich begriffen haben, wie Sie Ihr Leben selbst in die Hand nehmen können, anstatt es weiterhin ganz Ihrem Ego zu überlassen.

Und wenn Sie nicht begreifen, daß wir unser Ego haben, um

es gezielt einzusetzen, anstatt uns von ihm beherrschen zu lassen oder es im anderen Extrem loszuwerden, dann wird es mir nicht gelungen sein, Ihnen das zu vermitteln, was ich eigentlich vorhatte.

Das Ego ist ein Steuerprogramm für unsere verschiedenen Programme, das sich inzwischen einbildet, es wäre der liebe Gott persönlich. Unsere Aufgabe ist es, dieses Ego auf den Platz zu verweisen, für das es eigentlich gedacht war. Es soll uns nicht nur zu Spaß, sondern auch zu Erfolg verhelfen, und es soll uns zur Selbstverwirklichung führen, anstatt uns genau diesen Weg zu versperren.

Die tatsächlich funktionierende Devise heißt also nicht: Ego **oder** Erleuchtung, sondern Ego **und** Erleuchtung!

Das Steuerprogramm EGO prüft also nicht, was gut und nicht gut für uns ist, sondern was dazu beiträgt, die Programme zu erhalten, in denen wir abgespeichert haben, was wir für die Realität halten.

Wenn wir also in der Kindheit abgespeichert haben, daß es eine Realität ist, daß »ich machen kann, was ich will, das ist sowieso eine Nummer zu groß für mich«, dann können wir positiv denken wie wir wollen, das EGO-Programm wird dafür sorgen, daß wir machen können, was wir wollen, es wird eine Nummer zu groß für uns sein.

Der Erfolg des Positiven Denkens wird also darin bestehen, immer deutlicher zu erkennen, daß es eine Nummer zu groß für uns ist! Das EGO-Programm führt das zum Erfolg, was es einst als Realität gespeichert hat. Es will die innere Realität zur äußeren Realität führen, um uns zu zeigen, daß es recht hat!

Eigentlich sollte jetzt der Groschen fallen . . .

Warum Positives Denken doch funktioniert!

Nun, es gibt natürlich Menschen, die genau die Grundprogramme in ihrer Jugend gesammelt haben, die ihnen später helfen, ihre Ziele zu erreichen und zu dem Erfolg zu kommen, den sie sich wünschen. Der Unterschied zwischen Gunther Sachs und Alfred Stielau-Pallas besteht zum Beispiel darin, daß Gunther an genug Geld leicht glauben kann, aber Alfred nicht.

Wenn Gunther sich eine Subliminal-Kassette anhört, sich in Selbsthypnose versetzt oder darüber meditiert: „Ich erreiche alles, was ich will", so wird er sicher alles erreichen, was mit Geld zu erreichen ist.
Wenn Alfred dies tut, dann bekommt er entweder ein ungutes Gefühl, Kopfschmerzen oder erreicht halt genau das, was auch ohne Geld erreicht werden kann. Positives Denken funktioniert also für das, was uns aufgrund unserer EGO-Programme möglich ist. Aber das ist ja nicht unbedingt das, was wir uns wünschen.

„Wie kann ich aber dieses EGO-Programm hinter mir lassen?" höre ich Sie fragen.
Nun, der erste Ansatz ist der, nicht immer recht haben zu wollen. Das heißt: aufzuhören, andere zu kritisieren; denn damit verstärken wir das Rechthabeprogramm und somit das Ego.

Nur für die Besten: Erfolg UND Erfüllung

Was kann ich aus diesem Kapitel lernen und erkennen und für mein Leben in Erfolg UND Erfüllung umsetzen?

Biosthetiksalon Günnewig, 4410 Warendorf:

„Suche nicht Glück, sondern sei glücklich!
Suche nicht Liebe, sondern sei liebevoll!"

Alfred R. Stielau-Pallas

CHRONIK 1976

Irgendwie mußte ich das mit dem Ego begriffen haben; denn von nun an ging es wieder bergauf. Ich verdiente zusammen mit meinem Giselchen wieder richtiges Geld, und was uns noch wichtiger war, wir arbeiteten sogar im selben Büro. Und als dann noch eine Anfrage aus Salzburg kam, ob ich nicht als Seminarleiter dort arbeiten wolle, war alles geregelt. Wir heirateten – ganz ohne Ego –, wir beide allein. Keine Gäste, keine Feier, nur wir zwei einen schönen Tag im Berchtesgadener Land und im Salzkammergut.

Aber ich spürte auch, daß ich nicht mehr derselbe Seminarleiter war. Ich konnte die Motivation nicht mehr als Hauptbestandteil für Erfolg stehenlassen. Ich begriff, daß es viel mehr geben mußte, als nur motiviert zu sein und als nur stets andere zu motivieren, damit sie bei der Stange bleiben.

Vor allen Dingen aber machte ich mir Gedanken darüber, ob jeder Mensch dieselbe Chance hat, erfolgreich zu werden; denn meine Teilnehmer kamen ja zu mir, um Erfolg zu haben und wollten wissen, ob es für jeden funktioniert.

»Kann dieser Planet denn überhaupt existieren, wenn jeder Erfolg hat? Wer macht die Arbeit?«
Und dann fand ich einen chinesischen Vers, in dem klar wird, daß man zwar mit einer guten Mahlzeit für ein paar Stunden glücklich sein kann, aber um sein ganzes Leben glücklich sein zu können, müsse man seine Arbeit lieben, eine erfüllende Aufgabe haben.

Und das spürte ich auch. Als Seminarleiter war ich glücklich. Auch wenn die Arbeit es erforderte, bei Winter, Nacht

Nur für die Besten: Erfolg und Erfüllung

und Nebel jede Woche nach Linz, Wien und Klagenfurt zu fahren – es war eine schöne Zeit.

Ich verstand immer klarer, daß jeder Mensch seine ganz persönliche Aufgabe hat und daß jeder dafür die optimalen Voraussetzungen hat, um seine Aufgabe auch erfüllen zu können.

Und so begann ich anzuerkennen, daß ich nicht alles erreichen kann, aber auch nicht alles zu erreichen brauche, um glücklich zu sein. Aber ich verstand auch, daß ich für das, was ich erreichen kann, stets mein Bestes geben sollte.

Was kann ich aus diesem Kapitel lernen und erkennen und für mein Leben in Erfolg UND Erfüllung umsetzen?

Hauptagenturen Hapimag Süd, 6541 Mainhausen

„Mitleid erhält man umsonst,
Neid muß man sich hart erarbeiten."

NICHT MEHR ALS EIN COMPUTER?

Was macht eigentlich das aus, was wir unter unserer Persönlichkeit verstehen?
Nun, da ist erst einmal das, was wir von unseren Vorfahren geerbt haben. Und ob Sie sich darüber freuen oder nicht, es ist nicht zu ändern. Und auch Ihr Vater hat das geerbt, was er an Sie vererbt hat. Mit Ihrer Mutter war das nicht anders.

Und die Programme, die Sie aufgrund der Verhaltensweisen Ihrer Eltern und dessen, was man Ihnen eingetrichtert hat, gespeichert haben, sind weiter nichts als die Programme, die Ihre Eltern und alle, die mit deren Programmierung zu tun hatten, vorher selbst übernommen haben – und keiner von ihnen freiwillig.

Wir sind das Produkt unserer Eltern, deren Eltern, deren Eltern, deren Eltern . . . Und zwar völlig unabhängig davon, ob Sie davon ausgehen, daß wir das meiste geerbt oder das meiste in Form von Erziehung und Einfluß, also als Programme, übernommen haben. Es müssen also nicht immer die Eltern, sondern können auch die Stiefeltern, die Geschwister, Onkel, Tanten und Omas gewesen sein.

Sie sind nun sauer auf Ihren Vater, weil er Ihnen nie Anerkennung gab?
Erstens konnte er absolut nichts dafür; denn er war auch nur ein Produkt seiner Vorfahren.
Und zweitens, wenn Sie sauer auf ihn sind, dann packen Sie eine Menge Emotion auf das, was Sie eigentlich nicht wollen, und genau damit verstärken Sie es!
Sie sind sauer auf Ihre Mutter, die Ihnen ihre Liebe nie wirklich zeigte, auf Ihren Bruder, der Sie zur Weißglut trieb, auf

Ihre Schwester, die Sie stets verpetzte oder auf irgendwelche Verwandten, die Sie ärgerten oder verletzten?
Kann Ihr Computer dieses Programm denn nicht einfach streichen?

„Wenn man Ihnen das angetan hätte, was man mir angetan hat, lieber Herr Stielau-Pallas, dann möchte ich Sie mal sehen...!" höre ich Sie sagen.

Sie können daran erkennen, daß Ihr Computer nicht zuläßt, was wirklich besser für Sie wäre, und nach wie vor auf seine alten, überholten Programme besteht. Sie müßten über Ihren Schatten springen können...

Einerseits wollen wir heute ein freies Leben haben, unabhängig von unserer alten, längst überholten Software, aber genau diese alte Software wollen wir auf der anderen Seite nicht löschen. Oh, pardon, Sie werden sicher sagen: „Ich wollte schon, aber ich kann nicht!"

Nun, das ist wirklich ein trickreiches Steuerprogramm Ihres Egos. Es macht Ihnen sogar klar, daß Sie nicht können! Wenn jemand nicht will, dann hat er selbst schuld. Aber wenn jemand nicht kann, dann wird es schwierig, und wenn es sogar um innere Vorgänge geht, dann kann ja auch kein Außenstehender helfen.

In meinen Drehbuch-Seminaren erlebe ich an dieser Stelle genau diesen Punkt. Therapeuten, die nicht die Härte, das Wissen oder die Erfahrung haben, hier nicht weich zu werden, haben »Verständnis«, Mitleid oder was auch immer und schicken ihren Kunden wieder nach Hause in der Hoffnung, später einen Schritt weiterzukommen. Auf diese Art und Weise dauert eine Therapie Wochen, Monate oder gar Jahre.

Ich möchte an dieser Stelle solche Therapeuten auffor-

Nur für die Besten: Erfolg und Erfüllung

dern, sich entsprechend ausbilden zu lassen; denn es geht meist auch innerhalb von 5 Stunden!
Allerdings bilde ich keine Therapeuten aus, da ich mich auch nicht als Therapeut verstehe, sondern als Erfolgstrainer. Eine ausgezeichnete Adresse für eine solche Ausbildung ist das Ehepaar Goulding, San Francisco.

Die beste Voraussetzung dafür ist natürlich, daß der Teilnehmer entweder die Nase gestrichen voll hat und bis zum Hals in der Sch . . . steckt oder, wie in meinen Seminaren, zu der Einsicht gekommen ist, daß er bestimmte Situationen wieder und wieder erlebt und nun endlich einen deutlichen Schritt in seinem Leben weiterkommen möchte.

Ich habe gerade das Bild eines jungen Mannes vor mir, der den Brief seines Vaters mit sich trug, in dem er schwarz auf weiß geschrieben hatte, daß er dem Sohn nicht viel zutraut. Der Brief war 7 oder 8 Jahre alt. Der junge Mann wollte meine Hilfe. Da ich wußte, daß dieser junge Mann sehr viel Geld verdiente, sagte ich ihm, daß die Hilfe 500 Mark kosten würde. Er gab mir den Schein, und ich bat ihn um den Brief. Ich nahm den Brief und zündete ihn an. Ein Jahr später bedankte er sich großzügig bei mir.

Sein eigenes Computerprogramm hatte das nicht fertiggebracht. Manchmal können uns andere Computer helfen, vorausgesetzt, sie verfügen über ein Programm, das das andere Programm erkennen und ändern kann.

Welche Art von Computer möchten Sie sein?
Ein Ärgercomputer, ein 08/15-Computer, ein Pechcomputer oder ein Erfolgscomputer?

Für einen Erfolgscomputer brauchen wir natürlich auch Erfolgssoftware, also Erfolgsprogramme!

Was ist Erfolg?

Für einen Textcomputer bedeutet Erfolg sicher, einen guten Text zu verfassen. Für einen Rechencomputer bedeutet Erfolg sicherlich, gut zu rechnen. Für einen Pechcomputer bedeutet Erfolg sicher, immer Pech zu haben, und für einen Ärgercomputer bedeutet Erfolg, sich stets zu ärgern.

Was bedeutet für Sie Erfolg?
Wissen Sie wirklich genau, was Sie wollen?
Solange Sie nicht wissen, was Sie wollen, können Sie keinen Erfolg erleben! Wenn Sie wissen, daß Sie ein Ärgercomputer sind, dann können Sie wenigstens Ärger als Erfolg betrachten. Natürlich wird Ihnen das nicht wie ein wirkliches Erfolgserlebnis vorkommen, aber Sie werden es zumindest als Genugtuung erleben.

Wenn Sie unter Erfolg auch Harmonie meinen, brauchen Sie ein Harmonieprogramm.

Wenn Sie unter Erfolg auch Geld meinen, dann brauchen Sie ein Geldprogramm (mehr darüber im Kapitel »Das Dagobert Duck-Bewußtsein«).

Und wenn Sie unter Erfolg auch Erfüllung verstehen, dann brauchen Sie ein Programm, das sich mit der optimalen Nutzung Ihrer Hardware beschäftigt, anstatt ständig neidisch auf andere zu sehen!

Nun können Sie aber jede beliebige Software einladen, sie wird immer von Ihrem Steuerprogramm »EGO« so übernommen, daß Sie sie nicht ausnutzen können; denn Ihr Steuerprogramm wird Ihre Software stets unter der Priorität der alten Programme aus der Kindheit steuern.

„Aber ich lerne doch dazu!"
Natürlich, aber nur unter der Steuerung Ihres »EGO«.
„Aber ich kann doch heute freie Entscheidungen treffen!«
Natürlich, wenn Ihr »EGO« Sie läßt. Erinnern Sie sich doch

an die gewollte Entscheidung, anderen zu vergeben und an den Eingriff, den Ihr »EGO« sofort vornahm, indem es Ihnen sagte: „Ich kann nicht!"
Können Sie wirklich nicht über diesen Schatten springen? Was wollen Sie? Harmonie oder recht behalten, daß Sie nicht können.

„Vergib ihnen, Vater; denn sie wissen nicht, was sie tun!" Rechts und links neben IHM waren ebenfalls zwei Männer gekreuzigt worden. Und beide hatten mit Sicherheit auch sehr zu leiden. Das Gekreuzigtwerden war sicher eine Tortur. Aber die Größe bestand darin, Herr über das »EGO« zu sein und, anstatt die Täter zu verfluchen, zu sagen: „Vergib ihnen!" Nicht nur: „Ich vergebe ihnen", sondern sogar noch für die beiden zu bitten: „Vergib ihnen"; denn sie sind nur Computer.

Solange wir dem »EGO« die Steuerung überlassen, solange sind wir nur Computer, und zwar völlig unabhängig davon, welche Software wir später auch nachladen.
Aber wir wollen nicht vergessen, das Ego bringt uns ja Spaß!
Kein Ego, kein Spaß!
Was will ich wirklich?
Spaß oder Erfüllung?
Will *ich* Spaß haben, oder
will ich mich von *IHM ER-füllen* lassen?
Auswendiglernen bringt nichts!

Wir können aus der Rolle des Computers erst raus, wenn wir wirklich erkannt haben, daß wir als Computer nicht aus uns selbst heraus existieren können und demütig anerkennen, daß wir nicht unser eigener Schöpfer sind. Das, was wir als »Ich« bezeichnen, ist das »EGO«! Unser wahres »Ich« können wir nicht in diesem Körper finden; denn dieser Körper ist vergänglich. Wir haben uns diesen Körper nur genommen, um in diesem Körper ein paar Erfahrungen zu sammeln.

Erst, wenn wir in liebevoller, demütiger Dankbarkeit erkennen, daß wir ein Ego haben, aber nicht unser Ego sind, daß wir einen Körper haben, aber nicht der Körper sind, daß wir verschiedene Programme haben, aber nicht diese Programme sind, dann sind wir offen für unser wahres Wesen, unser wirkliches »Ich«.

Erinnern Sie sich an mein Märchen:
Ein Teil kommt auf diesen Planeten und will Spaß haben, und der andere Teil paßt auf ihn auf, damit aus dem Spaß keine ausweglose Situation wird.

Nur für die Besten: Erfolg UND Erfüllung

Was kann ich aus diesem Kapitel lernen und erkennen und für mein Leben in Erfolg UND Erfüllung umsetzen?

Andreas Hobl, 8700 Würzburg

„Erfolgserlebnisse sind die Quelle der Energie."

CHRONIK 1977

Die EFO in Salzburg hatte die letzten Monate kaum noch mein Honorar bezahlen können. Wir mußten uns etwas einfallen lassen; denn wir hatten unsere monatlichen Verpflichtungen und zusätzlich die noch nicht ganz abbezahlten Schulden aus meinem früheren Laden.
Es war eine harte Zeit. Und am 1. April war endgültig der letzte Tag; denn ganz ohne Gehalt konnten wir auch für uns selbst arbeiten. So wurden am 7. April 1977 die PALLAS-Seminare gegründet, genauer gesagt hieß es anfangs:

Gisela Pallas,
Trainingszentrum zur Persönlichkeitsentfaltung

Ich wollte meiner Frau die Firma überlassen; denn ich hatte ihr zu verdanken, daß ich finanziell überhaupt wieder auf die Beine kam, und das wollte ich auch klar ausdrücken.
Nun ging es darum, mich selbst verkaufen zu können. Nicht mehr als Seminarleiter an eine Firma, sondern direkt an den Kunden. Ich war Seminarleiter, Verkäufer und Lehrling in einer Person.
Einen Tag werde ich nie vergessen. Es war im Sommer, und ich hatte seit April »alles« getan, um mein erstes Seminar zu starten. Noch kein einziger Teilnehmer, und so begann ich zu verzweifeln. Wir brauchten Geld zum Leben, und ich war entschlossen, jede Arbeit anzunehmen, nur um das Gefühl zu haben: hier hast du 8 Stunden gearbeitet, und hier hast du das Geld dafür. Wir machten einen Spaziergang am Thumsee bei Bad Reichenhall, und ich ging in das nächste Restaurant, um zu fragen, ob ich dort als Aushilfskellner ar-

Nur für die Besten: Erfolg UND Erfüllung

beiten könne. Der Chef fragte mich, ob ich eine schwarze Hose habe. Gott sei aus ganzem Herzen gepriesen, daß ich keine hatte.

Ich begriff immer deutlicher, daß es einen Grund hatte, warum ich so war und nicht anders. Ich begriff, daß ich nicht versuchen sollte, mich großartig zu ändern, sondern endlich damit beginnen sollte, aus dem, was ich an Talenten und programmierten Verhaltensweisen hatte, das Beste zu machen.

»Was bin ich wert?«
Das war die Schlüsselfrage.

Ich hatte nur ein Ziel, ich wollte doppelt soviel bieten wie ich koste. Ich wollte, daß meine Kunden einen vielfach größeren Nutzen haben als ich. Das ließ mein Programm zu, damit konnte ich leben; denn ich wußte inzwischen, daß mein Computer so programmiert war, daß ich anderen etwas geben wollte und nur schlecht annehmen konnte.

Anstatt also zu versuchen, mein Programm ändern zu wollen, setzte ich es für mich und meinen Erfolg ein. Von 25 Teilnehmern an meinem Vortrag, den ich dann für den »Juniorenkreis der IHK« in Bad Reichenhall hielt, besuchten im Lauf der nächsten Zeit 23 Kunden mein Seminar.

Mein Sternchen stand hinter mir und war eher zum Hungern bereit als zuzulassen, daß ich etwas anderes tue, als Seminare zu leiten. Sie konnte nicht nur schon immer schnellere Entscheidungen treffen, so wie damals bei MZE, sondern auch dabei bleiben. Und in der Disco müssen unsere Seelen wohl erkannt haben, daß sich hier ein Team findet, das sich so ergänzt, daß 1 + 1 wesentlich mehr als nur 2 ist. Und durch diese Ergänzung konnte ein völlig neues Bewußtsein in mein Leben eintreten.

Was kann ich aus diesem Kapitel lernen und erkennen und für mein Leben in Erfolg UND Erfüllung umsetzen?

Dietmar Schroth, Bernd Ruck, Uwe Heller,
7000 Stuttgart 80, IMMOS GmbH:

„Die Reifeentwicklung findet heute nicht mehr an den Universitäten, sondern in den Verkaufsorganisationen statt."

NUR FÜR DIE BESTEN: ERFOLG UND ERFÜLLUNG

DAS DAGOBERT DUCK-BEWUSSTSEIN

Vielleicht haben Sie sich dieses Buch gekauft, um endlich zu erfahren, wie Sie wirklich reich werden können, und daß Positives Denken allein nicht funktioniert, wissen Sie wahrscheinlich bereits aus eigener Erfahrung.
Recht so! Werden Sie reich! Erst, wenn Sie reich sind, können Sie sich aus freiem Willen entscheiden, eines Tages wieder zu einem einfachen Leben zurückzukehren oder Ihren Reichtum zu verschenken oder ihn zu genießen.
Ich habe mein erstes Buch über Reichtum im Jahre 1974 gelesen. Vielleicht kennen Sie es: »Denke nach und werde reich!« von Napoleon Hill.
Weitere, ebenfalls sehr gute Bücher folgten. Dennoch hat keines das wirkliche Geheimnis des Reichtums beinhaltet.
Erst als ich viele reiche Persönlichkeiten in meinen Seminaren hatte, konnte ich deren Geheimnis lüften. Das sicherste Programm ist eine Kindheit in einem gut situierten Elternhaus, in dem das Kind extrem wenig Beachtung bekommt. Keine zärtlichen Liebesbezeugungen von der Mutter und keine Anerkennung vom Vater. Dafür aber den Eindruck, daß man sich mit Geld alles kaufen kann. Hinzu käme noch als I-Tüpfelchen die Erfahrung, daß die Schulfreundin oder der Schulfreund sehr viel Zärtlichkeit von den Eltern bekommt, und schon hat man sich ein optimales Programm zugelegt, das etwa lautet: »Mir steht es zu!«
Mir steht es deshalb zu, weil die anderen Liebe bekommen (das Wichtigste), und ich darauf verzichten muß. Also steht mir wenigstens Geld als Ersatz zu. Aber sicher suchen Sie nach einer Möglichkeit, zu Geld zu kommen, ohne eine

solch unlustige Kindheit nachvollziehen zu wollen. Das ist auch möglich. Sie beginnen am besten damit, daß Sie einmal aufschreiben, warum SIE es wert sind, das Geld zu bekommen, das Sie wollen.

Ihr Unterbewußtsein wird Ihnen jedoch keine größere Summe genehmigen, wenn Sie keine gute Begründung vorlegen können. Aus diesem Grund sind alle Versuche, dem Unterbewußtsein einzutrichtern:

»Ich bin ein Millionär, ich bin ein Millionär, ich bin ein Millionär«,

schlicht und einfach zum Scheitern verurteilt. Es sei denn, Sie haben sich das gerade erwähnte Programm in Ihrer Kindheit eingefangen.

»Ich bin es wert, ein Millionär zu sein«, ist ein Programm, das wohl nur von sehr wenigen Unterbewußtseins (seltsames Wort) akzeptiert würde. Also gehen wir besser anders vor, und zwar sicherer:

1. Steuern Sie keinen Geldbetrag an, sondern das, was Sie damit anfangen wollen.

Anstatt sich also eine Million zu wünschen (was in Lire übrigens kein Thema wäre), wünschen Sie sich lieber etwas, was Sie mit dem Geld machen wollen.

Was wollen Sie mit 1 Million machen?

Schreiben Sie das nun auf:

Welcher dieser Punkte hält der Frage stand:
»Bin ich es wert, es zu besitzen?«
Streichen Sie vorerst alle anderen Punkte.
Bleibt noch etwas übrig?

Falls nicht, dann schreiben Sie eine neue Liste, und/oder nehmen Sie sich den wichtigsten Punkt vor, und machen Sie sich klar, warum Sie es wert sind.

Falls alles darauf geblieben ist, dann herzlichen Glückwunsch! Aber ich nehme Ihnen das nicht einfach gleich so ab; denn die Wahrscheinlichkeit ist groß, daß Sie es zu oberflächlich betrachtet haben.

Schließen Sie die Augen, und betrachten Sie einen Punkt. Sehen Sie sich bereits im Ziel, und schauen Sie, ob Sie sich dabei wirklich wohlfühlen.

Wenn ja, dann schauen Sie sich den nächsten Punkt an, und checken Sie Ihre ganze Liste durch.

Schreiben Sie nun auf, welchen Vorteil Ihr Vorhaben für Sie und andere hat:

»Ich bin es wirklich wert!«

Dagobert ist kein Glückspilz, er hat seinen Ärger mit Dieben, mit dem Finanzamt, mit Konkurrenten und auch mit der Konjunktur. Er hat sich sein Geld redlich verdient. Angefangen als Golddigger hat er seinen ersten verdienten Taler in einer Vitrine und ist stolz darauf.

Er versucht, seinem Neffen Donald immer wieder beizubringen, wenn auch vergeblich, daß man das Geld lieben muß, um es zu besitzen und daß man es sich hart erarbeiten muß. Es gibt keine Tricks, keine günstigen Gelegenheiten, es gibt nur eines: ein lohnenswertes Ziel und dann die Arbeit, um es zu erreichen.

Andre Kostolany, ein lebendes Beispiel für das Dagobert Duck-Bewußtsein, drückt dies heute so aus:

»Um zu Geld zu kommen,
muß man es mit großer Leidenschaft begehren!«

Einige Leser werden das Buch jetzt angeekelt wegwerfen wollen und beweisen damit, daß sie nicht die geringste Chance haben, zum großen Geld zu kommen. Aber trösten Sie sich, die habe ich auch nicht; denn auch mir widerstrebt es, Geld als das höchste Gut zu betrachten.

Aber ein bißchen mehr wäre doch das, was Sie wollten – oder?

Ich kenne einige Leute, die sich über dieses Bewußtsein empören. Aber nur, weil sie es nicht haben! Dieselben Leute wären die geizigsten und unangenehmsten, sobald sie eine Chance bekämen, Geld zu machen. Die Denk- und Verhaltensweisen anderer zu hassen und stark zu kritisieren, ist der sicherste Weg, Situationen anzuziehen, in denen man sich

Nur für die Besten: Erfolg und Erfüllung

ganz genauso verhalten wird. Natürlich ist dann alles ganz anders . . .

Ich habe erst drei Menschen kennengelernt, die ihr Geld mit Tricks bekommen haben. Sie haben es alle wieder verloren oder sind auf dem besten Weg dazu.

Aber ich kenne viele Menschen, die ihr Geld mit viel persönlichem Engagement und Zeiteinsatz redlich verdient haben. In diesem Buch wird Ihnen nicht vorgegaukelt, Sie bräuchten nur die richtige Idee, die richtigen Kontakte oder was auch immer. Hier erfahren Sie die ernüchternde Wahrheit, daß Geld verdient werden muß.

Wir hatten gerade Besuch in Pauanui von einem amerikanischen Fernsehstar: »Sledge Hammer«. Er war auch in der Schule unseres Sohnes und beantwortete die Fragen der Kinder. Er geht wie ein gewöhnlicher Angestellter jeden Morgen um 7.00 Uhr ins Studio, dreht jede Woche eine neue Serie und arbeitet hart. Natürlich bekommt er das gut bezahlt, aber nicht geschenkt.

»Ich habe es verdient!«

Reden Sie es sich nur ein, oder können Sie wirklich daran glauben?

Das ist der 2. Punkt des Dagobert Duck-Bewußtseins und zeigt uns, daß wir zuerst bereit sein müssen zu investieren, bevor wir etwas bekommen. Erinnern Sie sich an das erste Kapitel? Erfolg ist nicht zu erzielen, wenn alles ausprobiert wird, sondern nur, wenn man bei einer Sache bleibt und diese Schritt für Schritt durchzieht.

Was sind Sie also bereit zu investieren?
an Zeit:

an Geld:

an Risiko:

Gehen Sie jeden Punkt sorgfältig durch. Und sobald ein Gedanke auftaucht, der Ihnen sagen will:
»Sei doch nicht blöd, das geht doch viel leichter! Du brauchst nur das richtige Produkt, die richtigen Beziehungen...« Sobald dieser Gedanke also kommt, sind Sie schon wieder dabei, sich auf etwas einzulassen, was Sie nicht zu dem bringen wird, was Sie wirklich wollen.

Kann ich unter Berücksichtigung meines geplanten Einsatzes von mir sagen:

»Ich habe es verdient«?

Nun gibt es immer wieder Leser, die der Meinung sind, sie bräuchten nur zu wissen, wie es geht. Sie lesen und lesen und lesen, und anschließend kaufen sie sich ein neues Buch, wissen alles und tun nichts.

Ich hoffe nicht, daß Sie zu dieser Gruppe gehören und auch tun, was Sie weiterbringen wird, anstatt nur zu wissen, wie es geht und auch den nächsten Winter wieder im kalten Deutschland verbringen –

Also fassen wir zusammen:

Um unserem Unterbewußtsein klarzumachen, daß wir es zu etwas bringen wollen, sind folgende Punkte zu beachten:

1. Anstatt einen Geldbetrag anzusteuern, suchen Sie sich lieber ein Ziel aus, das Sie sich bildlich vorstellen können. Machen Sie Ihrem Unterbewußtsein klar, was Sie mit dem Geld machen wollen, und checken Sie Ihr Ziel ab, bis Sie sich sagen können:
2. Ich bin es wert!
   Fühlen Sie sich dessen nur wert, oder haben Sie etwas zu bieten, das auch einen entsprechenden Marktwert hat? Viele »Positivdenker« meinen, daß sie ein »göttliches

Recht« auf Reichtum und Wohlstand haben, begreifen aber nicht, daß sie auch eine »göttliche Pflicht« haben. Unsere Pflicht ist es, zuerst mit uns selbst klarzukommen und dann anderen aufzuzeigen oder zu helfen, wie sie mit sich klarkommen können. Wir können nicht nur von diesem Planeten nehmen, sondern haben auch die Pflicht, diesem Planeten etwas zu geben. Und diese Pflicht muß zuerst erfüllt werden.

Verdienen kommt von Dienen, und daran ändert auch »Positives Denken« nichts.

3. Ich habe es verdient! Werden Sie sich im voraus klar, was Sie bereit sind zu investieren, und fragen Sie sich, ob Sie es dann auch noch tun wollen.

Wenn Sie Ihr Ziel oder Ihr Projekt nun klar vor Augen haben, dann schauen Sie sich an, ob Sie es nun auch verwirklichen wollen; denn es kann sein, daß Sie nach all dem eigentlich gar keinen Spaß mehr daran haben. Sollte dies der Fall sein, dann haben Sie viel Zeit und Arbeit gespart.

Suchen Sie sich ein neues Vorhaben.

Eines, das Sie *wirklich* motiviert!

NUR FÜR DIE BESTEN: ERFOLG UND ERFÜLLUNG

Was kann ich aus diesem Kapitel lernen und erkennen und für mein Leben in Erfolg UND Erfüllung umsetzen?

Uwe Isack, 7140 Ludwigsburg, HMI-Organisation:

„Nehme ich mein Ziel so ernst,
daß mich mein Ziel ernst nimmt?"

ALFRED R. STIELAU-PALLAS

CHRONIK 1978

Wir hatten also unser Projekt vor Augen. Wir waren uns unserer Aufgabe bewußt, unsere Seminartätigkeit in den Mittelpunkt unseres Lebens zu stellen. Und damit wir systematisch mit einem Startkapital von weniger als null DM starten konnten, durfte Werbung nichts kosten, sondern mußte Geld bringen. So wollte ich ein Buch »Die Zehn Gebote für Ihren Erfolg« schreiben.

Unser weiteres Ziel war es erst einmal, jedes Jahr 2 Monate im Süden zu überwintern, was wir auch sofort realisierten.

Uns war also klar, daß nicht jeder an der Börse Millionär werden kann, sich nicht jeder mit einem Playboy-ähnlichen Magazin seinen Privatjet leisten kann und auch nicht jeder gleich ein erfolgreicher Buchautor werden kann.

Wir erkannten auch, daß wir nicht zu allem geeignet sind, und stellten für uns fest, daß wir ein Sonderfall sind. Erst dann hatten wir das Gefühl, unserem Erfolg auf der Spur zu sein.

Viele unserer alten Seminarleiter-Kollegen von MZE vertrödelten ihre Zeit damit, alle möglichen Dinge auszuprobieren, nur weil sie sahen, daß andere damit erfolgreich waren.

„Ich habe Spaß an dem, was ich tue!"
Ja, das konnten wir wirklich von uns sagen. Auch ich hätte mit allen anderen Möglichkeiten schneller und mehr Geld verdienen können, aber ich wollte das tun, was ich tun wollte, nämlich Seminare leiten. Und immer, wenn ich weich (weil hungrig) werden wollte, hielt mich meine Frau davon ab und sagte: „Dann schaffen wir es nie!"

Nur für die Besten: Erfolg UND Erfüllung

Und heute kann ich sagen, daß es sehr richtig gewesen ist, nicht in erster Linie darauf zu achten, wie ich am schnellsten Geld verdienen kann, sondern, ob es mir Spaß macht und ich damit alle meine besonderen Eigenschaften ins Spiel bringen kann.

Als ich langsam begriff, daß ich ein Sonderfall bin oder positiver ausgedrückt:
etwas Besonderes, Einzigartiges;
verstand ich, daß ich meine Einzigartigkeit nicht dazu vergewaltigen sollte, mit »irgendwas« viel Geld zu verdienen; da mir das zwar vielleicht finanziellen Erfolg bringen würde, aber keine Erfüllung.

Aber ich verstand auch, daß ich mir nur dann erlauben durfte, meinem Hobby nachzugehen, wenn ich auch Zeit dafür hatte. Und sogar mein Buchschreiben durfte nur ein Hobby sein. Also brachte ich zuerst einmal alle anderen Dinge auf Reihe. Ich glaube, daß eine Eigenschaft alle Erfolgreichen verbindet, die Fähigkeit, alles Unangenehme, was getan werden muß, sofort zu erledigen, damit die ganze Aufmerksamkeit wieder auf das Ziel gelenkt werden kann.

Und weil ich meine Einzigartigkeit begriff, schaute ich nicht mehr länger, was andere machten und hörte auf, andere zu kopieren.

Ich hörte in mich hinein und arbeitete mit Hilfe der Methode, die Sie im letzten Kapitel kennenlernten, sorgsam durch, welche Art von Sonderfall ich bin.
Was würde mir am meisten Freude bereiten?
Am liebsten natürlich Seminare leiten!

Aber damals wußte ich noch nicht, daß die Seminarleitung die wenigste Zeit in Anspruch nimmt! Ich wußte noch nicht, daß ich in erster Linie ein guter Verkäufer sein muß,

daß ich in erster Linie Verkaufsgespräche führen muß, daß ich in erster Linie eine knallharte und klare Linie verfolgen können muß, anstatt der liebe, nette Mensch zu sein, der anderen weiterhilft!
Was würde mir noch am meisten Freude bereiten?
Am liebsten würde ich auch gerne Bücher schreiben!
Aber ich wußte noch nicht, daß die meisten Bücher irgendwo im Schrank liegenbleiben und nie veröffentlicht werden!
Ich wußte nicht, daß ich als Buchautor auch verkaufen können muß. Es mußte mir gelingen, andere davon zu überzeugen, daß mein Buch so gut ist, daß es sich lohnt, dafür 50 000 Mark und mehr als Risiko zu investieren!
Ich bin ein Sonderfall!
Es war nicht leicht für mich, das zu verstehen. Ich habe meine ganz persönlichen Talente, die ich natürlich noch entwickeln konnte.
Wenn ich vorher gewußt hätte, was alles nötig ist, um als Seminarleiter ein gutes Auskommen zu haben, wenn ich gewußt hätte, was alles auf mich zukommt, hätte ich dann überhaupt angefangen? Und ich glaube, es geht den meisten Erfolgreichen ebenso; denn eine ähnliche Aussage hatte auch Glenn W. Turner gemacht, der Gründer von MZE.
Ich glaube, daß zum Erfolg eine gewisse Portion Dummheit gehört. Man muß dumm genug sein, um nicht schon vorher zu wissen, was alles auf einen zukommt und dann allerdings genug Durchstehvermögen haben, es trotzdem zu tun. Intelligente Menschen wissen schon vorher, was auf sie zukommt und lassen es deshalb ganz sein.
Meine Frau war »dumm« genug, an meinen Erfolg glau-

Nur für die Besten: Erfolg und Erfüllung

ben zu können. Und ich war so intelligent, daß ich für jede Möglichkeit, wie man es schaffen könnte, gleich 3 Möglichkeiten nennen konnte, warum es nicht funktionieren kann!
Wer war nun wirklich der Dumme von uns?
Ich bin ein Sonderfall!
Ich erlebte, was bei anderen funktioniert, braucht nicht für mich zu funktionieren, und was bei anderen nicht funktioniert, kann für mich funktionieren!
Ich konnte beginnen, daran zu glauben, daß jeder eine Chance hat im Leben, etwas Besonderes auf die Beine zu stellen. Und ich konnte beginnen, daran zu glauben, daß jeder etwas hat, was ihm wirklich Spaß macht und er mit diesem Spaß all seine Energien freisetzen kann.

Ich beobachtete Kinder, die eine unvorstellbare Ausdauer für Dinge haben, die ihnen Freude machen und absolut nicht dazu zu bewegen sind, Dinge zu tun, die ihnen keine Freude bereiten.

Wir fanden also heraus, was für uns in Frage kam. Wir entdeckten unsere Einmaligkeit, unsere Einzigartigkeit! Und wir ließen nicht gleich alles stehen und liegen, sondern erlaubten uns, auch nur dann zu malen oder was auch immer, wenn wir die Zeit dafür hatten.

»Ich würde auch gern . . .«, diesen Satz strichen wir erst einmal aus unserem Leben und taten, was angesagt war.

Und dann tat ich es und begann mit meinem ersten Buch und schrieb pro Tag nur eine Seite!

Eine Gemeinsamkeit haben wir dann dennoch unter allen Menschen herausgefunden:
Wir sind alle Sonderfälle!

Alfred R. Stielau-Pallas

Was kann ich aus diesem Kapitel lernen und erkennen und für mein Leben in Erfolg UND Erfüllung umsetzen?

Rainer H. Keller, 8000 München 40

„Hilf dir selbst, und dann zeige anderen, wie sie sich selbst helfen können.
Auf Wiedersehen – ganz oben!"

Nur für die Besten: Erfolg und Erfüllung

WIE MAN AUCH IN DER BADEWANNE GROSSE WELLEN ERZEUGEN KANN

Eigentlich wollte ich nur den Badezusatz richtig vermischen, aber plötzlich hatte ich eine »echte Flutwelle« erzeugt. Natürlich habe auch ich daraus gelernt und fülle den Badezusatz nun immer schon ein, während ich das Wasser einlasse. Aber manchmal vergesse ich es halt doch, und dann muß ich den Badezusatz wieder so vorsichtig vermischen, daß es keine Flutwelle gibt und das Badezimmer nicht unter Wasser steht.

Haben Sie das auch schon erlebt? Wenn ich in einem ganz bestimmten Rhythmus mit meiner Hand entweder den Zusatz oder das kalte mit dem heißen Wasser mixen will, baut sich eine immer größer werdende Welle auf. Nur, wenn ich dann genau entgegengesetzt zur Welle meine Hand in die andere Richtung bewege, baut sich die Welle wieder ab. Bleibe ich aber in diesem neuen Rhythmus, baut sich die Welle wieder auf.

Da ich inzwischen am Meer wohne und des öfteren mit meinem Boot anderen Booten begegne, habe ich diesen Effekt auch schon außerhalb der Badewanne bestätigt bekommen. Mein Boot schlägt eine Bugwelle und die anderen Boote auch. Trifft mein Wellenberg in derselben Richtung auf ein Wellental, entsteht glattes Wasser. Trifft mein Wellenberg dagegen in gleicher Richtung auf einen anderen Wellenberg, entsteht ein höherer Wellenberg.

Das ist auch der Unterschied zwischen meiner ersten und meiner zweiten Ehe. Mit meiner ersten Frau schien es ein interessantes Spiel zu sein, jedem Wellenberg ein Tal entgegenzusetzen und jedem Tal einen Berg. Das Resultat war immer glattes Wasser mitten im Sturm. Mit anderen Worten: Es ging immer stürmisch zu bei uns, aber es kam nichts dabei raus. In meiner zweiten Ehe geht es nun nicht mehr darum, wer die höchste Welle oder das tiefste Tal erzeugen kann, sondern einzig und allein darum, wie wir gemeinsam mit der geringsten Anstrengung die höchste Welle produzieren können.

Vielen Menschen ist es wichtiger, recht zu haben, als Resultate zu erzielen. Ich bin gerade von einem Seminar zurück, das ich im »Las Brisas« mit traumhaftem Blick über Acapulco durchführte. Ein Teilnehmer brauchte 2 Tage, um zu begreifen, daß ich nicht zu den Seminarleitern gehöre, denen es um Recht oder Unrecht geht. Er begann jeden Satz mit: „Das sehe ich aber ganz anders" und schloß ihn mit: „Im Grunde genommen haben Sie ja recht, aber." Mir geht es auch in diesem Buch nicht darum, Sie zu überzeugen, Ihnen etwas Neues aufzudrücken oder Ihnen meine Meinung unterzujubeln. Mir geht es nur darum, einige Gesetzmäßigkeiten aufzuzeigen und es Ihnen zu überlassen, ob und was Sie damit anfangen wollen.

Wenn Sie jeder Welle ein Tal entgegensetzen, dann werden Sie Ihr Leben lang in flachem Wasser verbringen. Wenn Sie aber Berge versetzen oder Wellenberge erzeugen wollen, dann haben Sie nur eine Möglichkeit: Achten Sie auf Wellenberge, und setzen Sie sich noch obendrauf. Die meisten Menschen verplätschern ihr Leben, weil sie es allein schaffen wollen, möglichst sogar noch ohne Partner oder sogar gegen den Partner.

Ich bin auch kein Freund von vielen Freundschaften und verbringe die meiste Zeit mit meiner Frau. Wir gehen auf keine Party, nur sehr selten in den Club und haben extrem selten Gäste. Aber ich habe Menschen, mit denen ich mich austausche und habe diesen Menschen sehr viel zu verdanken.

Ich werde meinen 35. Geburtstag kaum vergessen, als ich mir in einem »PALLAS-Club-Treffen« anhören mußte: „Wenn unser Herr Stielau-Pallas seine Glaubwürdigkeit behalten will, dann wird es aber so langsam Zeit für ihn, auch einmal richtiges Geld zu verdienen." Ich hatte bis dahin gedacht, meinen Teilnehmern den größten Gefallen damit zu tun, mein Geld immer wieder in Serviceleistungen zu investieren, und jetzt das!

Die Leute, die mir schmeichelten, haben selten einen wesentlichen Beitrag dazu geleistet, daß ich meine Ziele erreichte ...

Der Unterschied zwischen einem Wellenberg und einem Wellental ist folgender:

Wenn es jemand gut mit einem meint, dann ist es ein Berg. Wenn sich der andere nur selbst Vorteile verschaffen will (meist nur Ego-Vorteile), dann ist es ein Tal. Ich habe inzwischen gelernt, aus einem Tal einen Berg zu machen. Ich gehe einfach davon aus, daß der andere es gut mit mir meint, auch wenn er es selbst gar nicht weiß!

Alles und jeder trägt dazu bei, mich zu fördern!

„Sie können machen und sagen, was Sie wollen, Sie tragen immer dazu bei, mich zu fördern. Sie wissen es vielleicht nur noch nicht!" Können Sie sich vorstellen, daß Sie mit dieser Einstellung auch den unangenehmsten Zeitgenossen gegenüber ruhiger und sachlicher bleiben können?

Natürlich stimmt es auch, daß Sie selbst dazu beitragen, alles und jeden zu fördern, auch Ihren größten Erzfeind, falls Sie genug Geld, Zeit und Energie haben sollten, sich einen leisten zu können. Ob der andere wirklich gefördert wird, hängt natürlich davon ab, ob er sich auch fördern oder »in die Pfanne hauen« lassen will.

Was halten Sie davon, anderen mit der Einstellung zu begegnen: »Ich bin ein Gewinn für Sie!« Können Sie sich vorstellen, daß das die beste Voraussetzung ist, 2 Wellenberge aus einer Richtung aufeinandertreffen zu lassen?

Warum meinen Sie, gibt es seit ewigen Zeiten Geheimbünde, Clubs, Trusts, Bruderschaften und natürlich auch ganz normale Ehen?

Solange Sie noch nicht in der Lage sind, mit Ihrer Einstellung („Auch Sie tragen dazu bei, mich zu fördern, Sie wissen es nur noch nicht!") aus jedem Wellental einen Wellenberg zu machen, ist es vielleicht empfehlenswert, sich nicht freiwillig mit Wellentälern zu beschäftigen.

Was spricht also für eine gute Ehe, eine gute Freundschaft, einen guten Gedankenaustausch mit Gleichgesinnten?

Ganz einfach – größere Wellenberge!

Aber was sind Gleichgesinnte? Nun, was wollen Sie mit Ihrem Leben anfangen? Wie soll Ihr Leben aussehen? Wo wollen Sie Ihr Leben verbringen:

– auf der Verlierer- oder auf der Gewinnerseite?
– als Opfer oder als Macher?
– als Amboß oder als Schmied?
– als Behandelter oder als Handelnder?
– als unfreier oder als freier Mensch?

Wollen Sie also Ausreden suchen oder Ergebnisse erzielen?

Tun Sie sich nun mit den Menschen zusammen, die auf der Seite stehen oder auch hinkommen möchten, für die Sie

Nur für die Besten: Erfolg und Erfüllung

sich entschlossen haben. Und diese Menschen spielen nicht alle Tennis oder Golf oder fahren Daimler oder BMW oder tragen Rolex oder Baume & Mercier. Checken Sie nicht nach Äußerlichkeiten, sondern nach der Mentalität! Streben diese Menschen in bezug auf Lebensqualität nach dem Höchsten, Besten und Edelsten oder nicht. Das ist das Kriterium!

Warum treffen sich Versicherungsverkäufer wöchentlich? Warum sprechen gute Ehepartner über ihre zukünftigen Ziele?
Warum treffen sich Geschäftsleute untereinander?
Warum finden sich Punks zusammen?
Warum gehen die Menschen zur Kirche?
Warum sind die Fußballstadien voll?
Warum sind die Konzerte der Popstars ausverkauft?
Warum gibt es das PALLAS-Forum, wo sich unsere Teilnehmer monatlich treffen?
Weil hier Wellenberge auf Wellenberge treffen!

Natürlich sind das völlig verschiedene Wellenberge, aber es funktioniert wie in der Badewanne. Wellenberge in derselben Richtung ergeben höhere Wellenberge. Mit anderen Worten: Hier baut sich eine Schwingung auf, die sich fast nur in einer Gruppe aufbauen kann. Und jeder profitiert von dieser Schwingung, der zu dieser Art von Schwingung gehört oder dessen Ziele mit den Zielen der anderen übereinstimmen.

Ein Punk begreift nur deshalb nicht die Leute, die in eine Kirche gehen, weil seine Weltanschauung eine andere ist. Er merkt, daß er hier nur Tal ist. Und ein Nicht-Fußballfan ist nur ein Tal im Stadion, kann aber ein Berg im selben Stadion sein, wenn Michael Jackson auftritt.

Alfred R. Stielau-Pallas

Nachdem ich selbst viele deutsche Prominente interviewt habe, um herauszufinden, was deren Erfolgsgeheimnis ist, habe ich mir überlegt, was mein eigenes ist. Ich glaube, daß Alfred Stielau es allein nicht geschafft hätte und Gisela Pallas auch nicht. Aber der Tatsache, daß beide immer einen gemeinsamen Wellenberg bildeten und ihre Ego-Programme in den Hintergrund stellten, ist der Erfolg wohl zu verdanken.

Meine Kreativität und Arbeitsleistung im Beruf ohne die Ethik und Konsequenz meiner Frau und ihre Arbeitsleistung im Haus und Büro wären wohl ebenso nur eine kleine Welle wie umgekehrt.

Sie brauchen kein Mathematikgenie zu sein, um Erfolg zu haben. Doch merken Sie sich diese beiden Gleichungen genau!

Zwei Wellenberge in einer Richtung ergeben einen großen Wellenberg.

Ein Wellenberg und ein Wellental ergeben nichts!

Wissen Sie, warum in einem Orchester nicht nur ein, sondern mehrere Geiger sitzen? Nicht etwa, weil jeder etwas anderes zu spielen hätte, sondern weil es besser klingt, wenn alle ein und dasselbe spielen. Könnten Sie sich vorstellen, was dabei herauskäme, wenn jeder etwas anderes spielen würde?

Können Sie sich vorstellen was geschieht, wenn in einem Unternehmen jeder seine eigene Geige spielt, und zwar ohne Dirigent?

Was wir auf diesem Planeten gerade noch so in den letzten Zügen erleben, ist, daß jeder seine eigene Geige spielt. Jeder meint, er hat das schönste Lied, kann es am besten spielen und glaubt nicht daran, daß es Spaß machen würde,

Nur für die Besten: Erfolg UND Erfüllung

ein gemeinsames Lied anzustimmen, weil er Angst hat, sein Talent könnte dabei unbeachtet bleiben.

Wir sind nun in einem Zeitalter, in dem jeder zuerst einmal gelernt haben muß, seine Geige zu beherrschen. Das ist die wichtigste Voraussetzung, um im planetarischen Orchester mitspielen zu können. In der Vergangenheit haben zu viele versucht – entweder aus Faulheit, ein eigenes Instrument zu erlernen, oder weil sie meinten, es besser zu wissen –, anderen Flötentöne beizubringen – ein Aufeinanderprall von Wellenbergen und -tälern mit der Folge von viel Sturm und wenig Resultat.

Ein Unternehmen kann heute nur noch gelingen, wenn jeder sein Instrument optimal spielt und dennoch auf den Dirigenten schaut, um sich im Einklang mit den anderen zu befinden. Und dieser Einklang erzeugt dann diese unbeschreibliche Stimmung (auch im Konzert), die mehr ist als nur die Summe der einzelnen Instrumente. Hier entsteht eine Schwingung, die sich überträgt, die in die Herzen geht, die mehr als das ist, was wir mit unseren fünf Sinnen wahrnehmen können.

Erfolg zu haben, ist heute aufgrund der vielen Möglichkeiten und hervorragenden Voraussetzungen in unserem Land keine große Kunst mehr. Er ist eigentlich nur noch die Folge von klarer Zielsetzung, gesundem Selbstvertrauen und dem Mut, konsequent das zu tun, zu was man sich entschlossen hat.

Erfolg UND Erfüllung erfordern aber auch heute noch sehr viel mehr. Hier geht es auch um die Harmonie, und zwar an erster Stelle um die eigene Harmonie, auf die ich in diesem Buch noch besonders eingehen werde. Und unter Harmonie mit sich selbst verstehe ich in erster Linie eine konsequent gelebte Philosophie, ein geradliniges Einhalten ethischer Grundsätze.

Wer selbst schwankt, ist für andere kein Magnet. Wer seinen eigenen Weg jedoch geht, macht automatisch andere auf sich aufmerksam und zieht andere magisch an.

Wenn an ein und derselben Wand 3 Pendeluhren hängen, deren Pendel verschieden in Schwung gesetzt werden, dauert es nur kurze Zeit, bis sich alle 3 Pendel genau gleichmäßig eingeschwungen haben. Dieser Effekt kann natürlich nur eintreten, wenn wir den Uhren die Zeit zum Einpendeln lassen.

Haben Sie sich schon eingependelt? Auf was? Auf andere oder zuerst einmal auf sich selbst?

Ich halte es aufgrund meiner Erfahrungen in Verkaufsorganisationen für sehr wichtig, wenn sich der Neue erst einmal auf die Gruppe einpendelt und genau und nur das tut, was man ihm sagt. Erst, wenn er gelernt hat, sich anzupassen, wenn er den »Erfolgsrhythmus« kennt, dann kann er zu seinem eigenen Rhythmus finden und selbst »Vorpendler« werden und eine eigene Gruppe aufbauen.

Die Voraussetzung für Erfolg heißt also: zuerst einmal den »Erfolgsrhythmus« kennenlernen, um dann in der Lage zu sein, auch ohne Gruppe in diesem Rhythmus zu bleiben.

Ich selbst habe wöchentlich in Seminaren gesessen, bin jede Woche zweimal zum Geschäftstraining gegangen, bis ich nach etwa 2 Jahren im »Erfolgsrhythmus« war. Viele meinen, es reicht aus zu wissen, wie es geht, suchen Abkürzungen, wissen es besser und hoffen, es auch allein zu schaffen. Sie wollen die Seminargebühr »sparen« und begreifen nicht, daß sie das Doppelte an Zeit und Geld für eigene Erfahrungen zum Fenster rauswerfen.

Natürlich brauchen wir alle unsere eigenen Erfahrungen,

aber doch nicht die gleichen, die andere schon für uns gemacht haben. Die Zeit ist zu kurz, um alle Fehler selbst machen zu können. Wer heute nicht von anderen lernt, was von anderen gelernt werden kann, bleibt auf der Strecke. Die Japaner haben uns das vorgemacht, wie man von anderen lernt. Inzwischen zerlegen auch die deutschen Hersteller die japanischen Autos und lernen von den Erfahrungen anderer, anstatt alles selbst herauszufinden.

Schenken Sie zwei Leuten ein UFO. Der eine beginnt, das Ding zu zerlegen, weil er wissen möchte, wie es funktioniert, und der andere beginnt, das Ding zu fliegen, weil er damit fliegen möchte. Jeder macht seine Erfahrungen, die er braucht, um sein Ziel zu erreichen. Wo möchten Sie Ihre Erfahrungen sammeln – beim Basteln oder beim Fliegen?

Ich habe für all die Menschen mein Seminarprogramm »Die Spielregeln des Erfolgs« entwickelt, die gern fliegen möchten – die das UFO benutzen möchten, um weiterzukommen, anstatt nur zu wissen, wie es geht!

Zu wissen, wie es geht, das ist nur der Trostpreis!
Zu tun, zu nutzen und anzuwenden, das führt zu Erfolg und Erfüllung!

Vielleicht können Sie schon mit diesem Buch etwas anfangen. Aber geschrieben habe ich es, um Ihnen klarzumachen, daß es nicht nur darum geht zu wissen, wie es geht, sondern darum, in den Erfolgsrhythmus zu kommen. Erfolg muß eine Gewohnheit werden, ein Reflex!

Aus dem Grund ist der wichtigste Bestandteil der »Spielregeln des Erfolgs« das monatliche PALLAS-Forum. Dort treffen sich die Teilnehmer, um sich auf einer gemeinsamen Wellenlänge Schritt für Schritt »Die Spielregeln des Erfolgs« anzueignen.

Menschen auf eine gemeinsame Wellenlänge zu bringen, ist die hohe Kunst des Führens. Und Menschen auf eine höhere Schwingungsebene zu bringen, ist wohl die bestbezahlte Eigenschaft überhaupt. Wir sehen das am deutlichsten an den Künstlern, denen dies gelingt. Aber auch die Spitzenverkäufer haben dieses Talent.

Als wir uns hier in Neuseeland das erste Mal ein Grundstück ansahen, lud uns der Verkäufer in das firmeneigene Sportflugzeug ein und zeigte uns die Halbinsel aus der Luft. Ein 3 Kilometer langer Strand, eigene Flugpiste, 2 Golfplätze, mehrere Tennisplätze, breite Straßen, schöne Häuser und Hunderte von Pinien. Es gelang ihm in zweifacher Hinsicht, uns auf eine höhere Schwingungsebene zu bringen. Nun ging es nicht mehr darum, uns ein Grundstück zu verkaufen, sondern uns zu helfen, wie wir es am besten finanzieren könnten. Verstehen Sie? Nun war es nicht mehr sein Problem, etwas zu verkaufen, sondern unser Problem, wie wir es kaufen können. Und er war nicht mehr der Verkäufer, sondern ein hilfreicher Mensch, der uns eine akzeptable Finanzierung anbot.

Erkennen Sie die Unmöglichkeit, jemanden für sich zu gewinnen, bevor wir ihn auf eine höhere Schwingungsebene gebracht haben?

Die Kunst des Verkaufens besteht nicht in der Fähigkeit zu reden, zu überzeugen oder seine Ware gut zu präsentieren, sondern in der Fähigkeit, den anderen auf eine höhere Schwingungsebene zu bringen. Erkennen Sie nun, warum wir uns stets und immer verkaufen müssen, ob bei unseren Kindern, bei unseren Partnern, bei unseren Mitarbeitern?

Wissen Sie nun, wie Sie auch in der Badewanne eine Flutwelle erzeugen können?

Nur für die Besten: Erfolg UND Erfüllung

Was kann ich aus diesem Kapitel lernen und erkennen und für mein Leben in Erfolg UND Erfüllung umsetzen?

Gustav Lauser GmbH, 7000 Stuttgart:

„Nur wer losläßt, lernt schwimmen."

Alfred R. Stielau-Pallas

CHRONIK 1979

Wir hatten uns also eingeschwungen, mein Sternchen und ich, und das machte sich auch bemerkbar. Wir durften das erste Mal Steuern bezahlen! Ja, es war wirklich ein »Durften«; denn das zeigte uns, daß wir nicht nur Dinge bewegten, sondern auch gewannen.

Natürlich waren wir wieder zwei Monate im Süden gewesen, und im Winter war Mallorca nach wie vor ein Paradies, das wir uns gern mit den älteren Herrschaften teilten, die nicht so recht begreifen konnten, warum wir auch so lange Urlaub hatten. Aber ich war nicht der Mensch, zwei Monate lang nur im Sand zu liegen, und so schrieb ich in dieser Zeit mein nächstes Buch »Ab heute erfolgreich«. Es ist bis heute vor allen Dingen unter Verkäufern ein »Muß« und wird von großen Firmen an ihre Mitarbeiter als »Einstellungsgeschenk« ausgegeben.

Es war ein Jahr voller guter Hoffnungen. Wir freuten uns darauf, daß wir bald einen gemeinsamen Sohn haben würden, und Gisela war sicher, daß es sich um die Reinkarnation ihres ersten Sohnes handeln würde, was uns dann später auch so manches Mal in großes Erstaunen versetzte. Ich bekam den Auftrag, »Das neue Erfolgs- und Karriere-Handbuch für Selbständige und Führungskräfte« zu konzipieren und brauchte auch ein Jahr, um das Mammutwerk anzukurbeln. Inzwischen hat dieses Werk also auch schon seinen 10. Geburtstag und wird von Michael Sänger und seinem Team weitergeführt.

Die Schulden waren wir los, und so hatten wir eine wunderbare Zeit, die wir uns auch so einrichteten, daß täglich

Nur für die Besten: Erfolg UND Erfüllung

Zeit für einen Spaziergang im Berchtesgadener Land oder für eine Tasse Kaffee in Salzburg drin war. Was außerdem drin war, war unser erster Citroen CX, nicht nur, weil wir auch Pallas heißen, sondern, weil er uns einfach gefiel.

Wir hatten es also geschafft, unsere Grundbedürfnisse abzusichern, uns ein gleichmäßiges Einkommen und damit eine gewisse Sicherheit zu schaffen. Außerdem kam das erste PALLAS-Forum zustande, ein Treffen aller Seminarteilnehmer in München, wo ich meine Erkenntnisse mit vielen aufgeschlossenen wunderbaren Menschen teilen durfte. Die nächste Stufe unserer Entwicklung war erreicht.

ALFRED R. STIELAU-PALLAS

Was kann ich aus diesem Kapitel lernen und erkennen und für mein Leben in Erfolg UND Erfüllung umsetzen?

Werner Klingmann und Marliese Wieland, 7000 Stuttgart:

„Erfühlen, was es bedeutet, Erfolg zu leben, ganz gleich, was auch immer für den einzelnen Erfolg bedeutet!"

DER EHEMALIGE SINN DES LEBENS IST HEUTE EINE SACKGASSE

Als wir noch in der Steinzeit lebten, gab es nur eine einzige Religion, nur einen Sinn im Leben, nur eine Philosophie, nur ein Ziel:

»Durchschlagen, egal wie!«

Jeder mußte versuchen, sich selbst so gut wie möglich über die Runden zu bringen, sich selbst zu ernähren – halt sich selbst durchschlagen, egal wie. Da das aber jeder tat, gab es sofort ein Problem:

»Die Angst, selbst geschlagen zu werden!«

Und diese Angst war real; denn sobald einer auftauchte, der sich besser durchschlagen konnte, war man erledigt, es sei denn, man konnte schneller laufen . . .

Wer heute noch daran glaubt, daß »Durchschlagen, egal wie« nach wie vor aktuell ist, wird mit der Angst leben müssen, eines Tages selbst geschlagen zu werden.

Wie sieht es in Ihrer Firma, und wie sieht es mit Ihnen selbst aus? Gehört zu Ihrer Lebensphilosophie auch die Ansicht, daß man sich durchschlagen muß, egal wie, oder die Meinung, daß andere dies tun?

Nun, wenn ja, dann werden Sie ja auch die Angst kennen, die ganz einfach dazugehört. Ich habe, anfangs für mich überraschend, festgestellt, daß viele finanziell sehr erfolgreiche Menschen ein besonders großes Problem mit dieser Angst haben. Und ich habe festgestellt, daß Menschen, die sich mit Kampfsportarten beschäftigen und eigentlich die wenigste Angst haben sollten, geschlagen zu werden, eher öfter daran denken.

Nun gibt es zwei Begründungen dafür:
1. Wenn ich mich selbst »durchschlage, egal wie«, werde ich davon ausgehen, daß andere dies auch tun. Dann kann ich auch davon ausgehen, daß ich eines Tages einem begegne, der sich besser durchschlägt als ich. Allerdings wird mich dies anspornen, mich immer besser durchzuschlagen, also auch immer »erfolgreicher« zu werden. Erfolg zu haben, ist, wie ich schon sagte, heutzutage keine Kunst mehr. Aber die Erfüllung ist noch weit entfernt. Ich fühle mich zwar nicht als Opfer, aber auch nicht immer als Sieger, geschweige denn als Meister der Lage.
2. Wenn ich nur davon ausgehe, daß sich viele andere »durchschlagen, egal wie«, dann werde ich mit der Angst leben müssen, auch eines Tages geschlagen zu werden. Und wenn ich mich entschlossen habe, aus welchem Grund auch immer, selbst nicht zu schlagen, dann fühle ich mich als Opfer. Kein Sieg, keine Meisterung der Lage, kein Verstehen, ich fühle mich als Behandelter, aber nicht als Handelnder.

In der heutigen Zeit ist dieses Programm völlig überflüssig. Alle, die dieses Buch lesen, haben genug zu essen, keiner braucht sich »durchzuSCHLAGEN«, ein Weg zum Arbeits- oder Sozialamt reicht da völlig aus. Und die Kriminalität ist auch nicht auf leere Mägen zurückzuführen, sondern hat andere Beweggründe. Nach wie vor ist Mundraub, also reiner Nahrungsklau zum Überleben, weil man seit Tagen nichts zu essen hatte, kaum strafbar. Hier in Neuseeland dürfen Sie auf jeder Weide ein Schaf schlachten, wenn Sie mehrere Tage nichts mehr zu essen hatten.

Um diese Angst loszuwerden, gibt es nur ein Mittel:

Nur für die Besten: Erfolg UND Erfüllung

1. Hören Sie auf, sich selbst »durchzuschlagen, egal wie«.
2. Glauben Sie nicht länger daran, sich »durchschlagen zu müssen, egal wie«.
3. Reden Sie sich nicht länger ein, daß sich andere »durchschlagen, egal wie«.

Die Einstellung, die Betrachtungweise, die Meinung, der Glaube, den wir von unserer Welt haben, wirkt:
1. auf unseren eigenen Körper;
2. auf unsere Gefühlswelt (Ängste, Sorgen usw.);
3. auf unsere Verhaltensweise;
4. damit auch auf die Verhaltensweisen anderer;
5. damit auf unser Image und
6. auf unsere Wahrnehmung, also auf die Dinge und wie wir die Dinge sehen.

Meine Welt ist seit einigen Jahren in Ordnung, aber nur, weil ich vorher meine Einstellung zur Welt geändert habe! Bevor wir in unserer Um-Welt etwas ändern können, müssen wir zuerst etwas in unserer In-Welt geändert haben, weil nur unser Ein-Druck zum Aus-Druck kommen kann!

Wir BEKOMMEN aber keinen Ein-Druck, sondern wir MACHEN uns einen Ein-Druck!

Von ein und derselben Sache machen sich zwei verschiedene Menschen zwei völlig verschiedene Ein-Drücke und werden dies auch auf zwei völlig verschiedenen Wegen zum Aus-Druck bringen!

Auf einem Seminar, das ich kürzlich für ein sehr erfolgreiches Unternehmen der Immobilienbranche gab, war ein ehemaliger Lehrer dabei. Er kannte Urlaub nur von der Campingseite her. Mit einem alten VW-Bus war er bisher in Urlaub gereist und hatte die Welt auch nur von dieser Seite als schön und lebenswert angesehen.

Nun kam er das erste Mal für eine Woche in ein Hotel der internationalen Spitzenklasse. Jedes Appartement hatte seinen eigenen Swimmingpool, es gab doppelt soviel Angestellte wie Gäste. Wir wurden sehr verwöhnt. In einer Pause kam er zu mir und sagte: „Ich habe früher nie verstanden, warum manche Leute unbedingt einen eigenen Pool haben wollen. Aber jetzt, wo ich selbst jeden Morgen als erstes in meinen Pool springen kann und auch abends noch mal zum Abschluß des Tages, da könnte auch ich mich daran gewöhnen."

Wir kritisieren nur die Dinge, die wir nicht kennen oder, die wir uns (noch) nicht leisten können. Erkennen Sie, wie sich sogar ein- und derselbe Mensch im Laufe seines Lebens zwei völlig verschiedene Ein-Drücke macht? Ich bin sicher, er wird dies auch bald zum Aus-Druck bringen.

Diejenigen, die hingehen und demonstrieren, daß es eine Schweinerei ist, daß einige ihren eigenen Pool haben, sind selten diejenigen, die später andere in ihrem eigenen Pool schwimmen lassen ...

Die größte Hürde auf dem Weg zu Erfolg und Erfüllung ist die Kritik. Wenn ich früher andere wegen ihres Erfolgs kritisiert habe, muß ich zuerst einmal meine Meinung ändern, bevor ich selbst an Erfolg und Erfüllung komme. Ich muß zugeben, daß ich mit meiner früheren Kritik schlicht und einfach unrecht hatte. Inzwischen wissen Sie aber, daß der »Ich-habe-recht-Trieb« der stärkste ist, der uns Menschen beherrscht. Ein nicht ganz leichtes Unternehmen also.

Muß ich nochmals darauf hinweisen, wie wenig hilfreich es ist, sich selbst und andere zu kritisieren? Solange wir andere kritisieren, die sich unserer Meinung nach »durchschlagen, egal wie«, erkennen wir damit an, daß es andere gibt, die sich »durchschlagen, egal wie«. Und genau damit bauen wir in uns die Angst auf, auch eines Tages von diesen Menschen geschlagen zu werden.

Meine Lebensphilosophie ist:

»Alles und jeder trägt dazu bei, mich zu fördern!«

Können Sie sich vorstellen, daß ich mit dieser In-Welt eine ganz andere Um-Welt erlebe?

Ich höre Sie sagen: „Da reden Sie sich aber schön etwas ein!"

Und wenn Sie sich einreden, daß andere sich auf Ihre Kosten durchschlagen, dann reden Sie sich auch nur etwas ein; denn unsere Realität ist nicht das, was ist, sondern das, was wir wahrnehmen! Und selbst die Art unserer Wahrnehmung beeinflußt das, was wir wahrnehmen, sagt Einstein.

Ich will weder klüger sein als Einstein, noch will ich herausfinden, was »wirklich« ist. Ich will nur herausfinden, wie ich zu Erfolg und Erfüllung gelange ...

An dieser Stelle dürfen Sie das Buch gern wieder in die Ecke werfen, verschenken oder in den Schrank stellen. Vielleicht haben Sie eines Tages die Nase voll davon, herausfinden zu wollen, WARUM das UFO fliegt und möchten nun endlich damit fliegen, auch wenn Sie nicht begreifen, wieso es überhaupt funktioniert.

Also noch einmal:

Wollen Sie Ihre Angst loswerden, oder wollen Sie recht haben?

Treffen Sie jetzt eine klare Entscheidung – ja, bevor Sie umblättern!

Vielleicht denken Sie jetzt darüber nach, ob diese Angst nun angeboren ist, oder ob sie uns von den Urvätern über die ganze Generationskette als Erziehung übertragen wurde. Wie Ihr Ergebnis auch aussehen mag: 80 % zu 20 % oder 20 % zu 80 %. Es wird Ihnen mit Ihrer neuen Einstellung »Alles und jeder trägt dazu bei, mich zu fördern.« auf jeden Fall gelingen, einen bedeutenden Teil Ihrer Angst abbauen zu können.

Für mich war dieser Satz der Beginn in ein neues Leben! Und nachdem ich mein Leben damit viel konstruktiver ausrichten konnte, begann ich dies auch auszustrahlen und konnte es mit Überzeugung lehren. Seitdem habe ich von vielen meiner Teilnehmer gehört, daß diese neue Einstellung auch für sie der Beginn eines regelrecht neuen Lebens war.

Könnte es auch für Sie lohnenswert sein, dies einmal für zwei Wochen auszuprobieren, um sich dann ein eigenes Urteil darüber zu leisten, wie wertvoll dieser Satz ist? Er ist in Geld umgerechnet übrigens genau DM 500,– wert. Wir waren gerade für vier Wochen in Europa und hatten im »Interalpenhotel« in Telfs ein Seminar der Aufbaustufe zu den Spielregeln des Erfolgs.

Meine Flipchart-Blätter, auf die ich Figuren, Grafiken und Merksätze schreibe, werden neuerdings für einen guten Zweck versteigert. In diesem Seminar hatten wir einen Topverkäufer: Rainer H. Keller. Er versteigerte die Blätter so ausgezeichnet, daß das Blatt mit diesem Satz DM 500,– erzielte. Ich bin sicher, daß der Teilnehmer, der diesen Satz kaufte, ernsthaft damit arbeiten wird. Sie haben ihn billiger bekommen. Werden Sie trotzdem ernsthaft damit arbeiten . . .

Nachdem sich nun jeder ein paar hunderttausend Jahre

Nur für die Besten: Erfolg und Erfüllung

lang »durchschlug, egal wie«, gab es natürlich ziemliches Chaos. Dieses Chaos sollte nun durch eine gewisse Ordnung abgelöst werden, da die bestehende Situation recht unsicher war. Und so gab es einen jungen Mann, der ohne eigene Eltern aufgewachsen war, dem man unrecht getan hatte und der nie die ständig vergebende Mutterliebe kennengelernt hatte. Er war prädestiniert dazu, der Menschheit die Gerechtigkeit zu bringen. Und so kam er eines Tages von einem Berg herunter und brachte der Menschheit die neue Lehre: »Schlag dich durch, egal wie, ist vorbei! Bitte ab heute nicht mehr stehlen, nicht mehr töten, sondern sich so ernähren und leben, daß auch dein Nachbar seiner Beschäftigung in Ruhe und Sicherheit nachgehen kann. Und solltest du doch Streit anfangen, dann gilt Auge um Auge, Zahn um Zahn.«

Als es unseren Urvätern also gelang, sich selbst zu ernähren und am Ende des Tages noch Zeit zu haben, kamen einige auf die Idee, daß es doch recht angenehm wäre, nicht jeden Tag auf Nahrungsbeschaffung gehen zu müssen und begannen, sich Vorräte anzulegen. Sie begannen, einen neuen Sinn im Leben zu finden! Ihre Hoffnung war: »Wenn ich so viel Nahrung auf Vorrat legen kann, daß ich damit jeden Winter, jede Nahrungskrise überstehen kann, dann habe ich es geschafft, dann bin ich ein glücklicher Mensch!«

Mit dieser Hoffnung baute er sich jedoch einen Trugschluß auf, dem auch heute noch viele Menschen unterliegen:
»Wenn ich meine Bedürfnisbefriedigung abgesichert habe, kann mir nichts mehr passieren!«

Damit haben wir uns die Meinung aufgebaut, daß wir uns mit materiellen Gütern absichern können. Diese Meinung stellt sich jedoch von Jahr zu Jahr als immer unrichtiger heraus.

Moses war also der erste, der diesen Trugschluß klar erkannte und größte Mühe hatte, dies seinem Volk klarzumachen. Als er der Meinung war, daß sie es begriffen hätten, wurde er mit dem goldenen Kalb bitter enttäuscht.

Bis zu diesem Zeitpunkt war die Menschheit also der Meinung, daß der Gott des Universums Materie war. Die Gedankenkombinationen »Materie bedeutet Sicherheit, und Sicherheit bedeutet Glück« ließen natürlich den Rückschluß zu, daß die glücklichen Götter, die in Sicherheit lebten, die Materie selbst sein müßten, also in Form von Materie dargestellt werden könnten, und deshalb: das goldene Kalb. Wobei es sich natürlich um Materie handeln mußte, die jederzeit in Nahrung, gleichbedeutend mit Sicherheit, eingetauscht werden konnte.

Deutlicher? Bitte schön:

Also, der Mensch begriff, daß Nahrungsvorräte Sicherheit und damit Glück bedeuteten. Dann kam Geld oder Gold als Zahlungsmittel ins Spiel, und das war ebenso sicher wie Nahrung, weil es ja jederzeit gegen Nahrung eingetauscht werden konnte. Als Moses ihnen klarmachen wollte, daß Nahrung oder Gold auch keine Sicherheit waren, weil noch andere, geistige Dinge eine Rolle spielten und das Lebensspiel beeinflussen würden, war das zu hoch für diese Leute damals und für viele bis heute. Deshalb zogen sie es vor, an handfestere Dinge zu glauben, die sie jederzeit in Nahrung umtauschen konnten. Sie wollten einfach nicht wahrhaben, daß Gold in der Wüste keinen Wert mehr hatte. Sie hätten zugeben müssen, sich ihr Leben lang getäuscht zu haben.

Nur für die Besten: Erfolg und Erfüllung

Noch deutlicher:

Auch die Leute in Pompeji glaubten ihr ganzes Leben daran, daß Gold und Schmuck Sicherheit bieten. Das war ihre feste Überzeugung. Dann brach der Vulkan aus. Doch sie flüchteten nicht in die Freiheit, sondern zum Gold, weil sie einfach zu sehr davon überzeugt waren, daß Gold Sicherheit ist.

Also, Geld bedeutet nicht länger Sicherheit! Spätestens dann nicht mehr, wenn ein Vulkan ausbricht ...

Heute, nachdem auch der Goldpreis alles andere als interessant ist, nachdem die Börse unvorstellbare Situationen auslösen kann, nachdem viele ihre Abschreibungsprojekte endgültig abgeschrieben haben, nachdem Maschinen, Computer und Geräte schon nach wenigen Monaten ihren Kaufwert verlieren, nachdem selbst eine Ausbildung nicht mehr Sicherheit bedeutet, sollten wir erkennen, daß es andere Dinge geben muß, die uns Sicherheit geben können.

Pallas hat aber nicht gesagt. „Verkaufen Sie, was Sie haben, und vertrauen Sie auf Ihren Guru!" Auch ich habe mir einiges auf die Kante gelegt. Aber ich betrachte dies nicht als Garantie oder als alleinige Sicherheit, sondern nur als vernünftige Art und Weise, mein Leben zu planen.

Wie sollte zur Zeit Moses bereits jemand begreifen, daß diese neue Lebensphilosophie nicht länger auf materieller Absicherung basieren kann, wenn es doch heute erst nur wenige begreifen?

Und so steckt die Meinung auch heute noch in uns, Geld ist Sicherheit, Geld beruhigt. Ich kenne sehr viele reiche Menschen, die alles andere als ruhig geworden sind. Mir ging es nicht besser, als ich meine ersten Goldtaler als Anlage kaufte. Am nächsten Tag kaufte ich mir die Zeitung und wollte wissen, wie der Goldkurs steht. Und jeden Tag kaufte ich wieder eine Zeitung, was ich vorher nur äußerst selten getan hatte. Der Kurs ging auf und ab, und ich spürte, wie mich das Gold im Griff hatte, worauf ich beschloß, mich nicht länger vom Gold beherrschen zu lassen – ich kaufte keine Zeitung mehr ...

Streichen Sie also die Meinung, daß Geld gleich Sicherheit ist. Sicherheit finden Sie nur in sich selbst! Auch Wissen ist keine Sicherheit! Jeder von uns hat ein Lexikon im Schrank und kann sich Handbücher über Erfolg, über Karriere und alles, was er wissen muß, für ein paar Mark kaufen. Sicherheit können wir nur durch die Art von Wissen erlangen, das uns hilft, unser Leben zu meistern. Und deshalb ist Wissen erst dann etwas wert, wenn es mit Selbstdisziplin und Umsetzen in die Praxis verbunden ist. Deshalb nützt den meisten ihr Wissen absolut nichts!

Sicherheit ist zu finden in einer ehrlichen, aufrichtigen und klar ausgerichteten Lebensweise, in der Führung eines bestimmten Lebensstiles, der mit und ohne Geldmittel gelebt werden kann, in ethischen Prinzipien, die sich auch dann nicht erschüttern lassen, wenn es einmal nicht so gut um den Erfolg steht!

Die neue Philosophie löst die alte ab – aus »Geld ist Sicherheit« wird »Unternehmungsgeist ist Sicherheit«!

Seitdem ich jeden Tag die Dinge tue, die in mir weitere Tatenergie freisetzen, um mich immer weiter zu entwickeln, spüre ich in mir die Sicherheit, mein Bestes getan zu haben. Und mehr können wir sowieso nicht tun. Natürlich kann ich dann auch daran glauben, daß ich den Schöpfer auf meiner Seite habe. Ich gebe mein Bestes und erwarte das Beste!

»Ich trage an erster Stelle dazu bei, mich zu fördern!«

Sicher gab es auch damals schon Menschen, die es geschafft hatten, sich selbst zu ernähren, genügend Sicherheit und außerdem noch Zeit und Energie zur Verfügung zu haben. Aber sich nun sagen zu lassen, daß die neue Philosophie heißt: »Gib der menschlichen Gesellschaft zurück, was du von ihr bekamst, und verhalte dich in Zukunft so, wie du möchtest, daß sich andere dir gegenüber verhalten sollen«, überstieg denn doch den geistigen Horizont.

Prüfen Sie selbst, ob Sie es bereits begreifen, annehmen und danach handeln können:
Dieses Leben kann nur dann sinnvoll für uns sein, wenn wir bereit sind, den nächsten Lernprozeß anzunehmen, anstatt uns davor zu drücken. Sobald Sie sich also selbst ernähren können, dieses vernünftig abgesichert haben (durch einen festen Arbeitsplatz, eine eigene gesunde Firma, Anlagekapital oder wie auch immer) und noch Zeit und Energie übrig haben, stehen Sie vor einer wichtigen Entscheidung. Sie können weiterhin in die Absicherung investieren und damit zeigen, daß Sie an die alleinige Sicherheit der Materie glauben, oder Sie können damit beginnen, sich »einen Platz im Himmel« zu schaffen. Dieser Platz ist im Hier und Jetzt, und es wäre schade, wenn Sie meinten, den gäbe es erst nach diesem Leben.

Können Sie sich vorstellen, wie unverständlich diese Worte vor zweitausend Jahren waren? »Was du nun willst, das dir die Leute tun, das tue ihnen.«
Die Lösung für ein erfülltes Leben heißt also nicht, noch mehr Geld zu machen, sondern es auch auszugeben! Die Lösung heißt nicht, andere auszubeuten, sondern sie so zu behandeln, wie ich behandelt werden möchte! Sie heißt:

Alfred R. Stielau-Pallas

Teilen, was mir zuteil wurde!

Noch einmal, Pallas hat NICHT gesagt: »Alles verschenken!«
Und das Teilen (mit-teilen) muß auch nicht kostenlos geschehen.

Ich möchte nur in meinen Worten wiederholen, was bereits vor zweitausend Jahren gesagt wurde:

> So, wie ich behandelt werden möchte,
> behandele ich andere, und zwar zuerst!

Wir treten damit ein in die Welt des Glaubens an geistige Gesetzmäßigkeiten. Erst diese neue Lebensphilosophie macht ein Zusammenleben mit allen anderen möglich. Sie ist die Basis der menschlichen Kultur, der menschlichen Würde und der Erfüllung. Jedem, der weiterhin an die Macht des Geldes glaubt, bleibt die Tür zu Erfüllung verschlossen. Aber dafür steht ihm die Tür zur Genugtuung weit offen . . .

Allerdings hat für denjenigen, der diese neue Lebensphilosophie nur mit dem Verstand, nicht aber mit dem Herzen verstanden hat, auch diese Sache einen Haken.
Wir haben gelernt, wenn wir teilen, bekommen wir Anerkennung, Dank. Oder in einfachen Worten, wir haben gelernt:

> Wenn ich teile, dann mag man mich!

Und genau damit hat sich eine unvorstellbar tiefsitzende Angst in uns aufgebaut:
Wenn ich nicht teile, dann mag man mich nicht!

Und so laufen heute viele Menschen mit dem Druck durchs Leben: Wenn ich nicht teile, dann mag man mich

Nur für die Besten: Erfolg und Erfüllung

nicht, also mit der Angst, abgelehnt oder kritisiert zu werden.
Natürlich gibt es auch dafür eine Lösung. Es wäre gut, wenn Sie sich diesen Satz, genauso wie den ersten, auf ein Kärtchen schreiben und jeden Tag verinnerlichen würden, bis er ein Teil Ihrer Persönlichkeitsstruktur geworden ist.

> Alles und jeder trägt dazu bei, mich zu fördern.
> Ich akzeptiere alles und jeden,
> mich akzeptiert alles und jeder.
> Ich teile, was mir zuteil wurde,
> NICHT, damit man mich mag,
> sondern damit ich weiterwachsen kann.

Was bedeutet diese letzte sogenannte »Goldene Regel« in der Praxis? Immer, wenn ich höre, daß sich jemand darüber aufregt, daß seine Kunden nicht pünktlich bezahlen, frage ich ihn: „Und wie bezahlen Sie Ihre Rechnungen?"

Oft ist die Antwort: „Ja, wenn ich genug Geld hätte, dann würde ich gern pünktlich bezahlen!"
Aber das ist nicht die Einhaltung der »Goldenen Regel«! Was kann Ihr Lieferant dafür, daß Sie kein Geld haben? Er hat seine Ware geliefert, und nun steht ihm auch das Geld zu!

Bevor Sie weiterblättern, schauen Sie sich erst noch einmal Ihre offenen Rechnungen an, ob Sie da nicht etwas erledigen können . . .

Diese Entwicklung verlief in jeder Kultur zu einer anderen Zeit, aber immer in derselben Reihenfolge, oft auch mehr als einmal. Und wenn wir uns heute die Entwicklung des einzelnen ansehen, dann stellen wir fest, daß sie innerhalb eines Menschenlebens ebenso verläuft.

Sie wissen inzwischen, daß ich 1974/75 in einer schwierigen finanziellen Situation steckte. Ich hätte leicht einen Vergleich anstreben oder sogar Konkurs machen können, was meine damaligen Probleme sicher schnell gelöst hätte. Aber wir entschlossen uns, alles Geld zu zahlen, was meine Lieferanten und die Bank von mir zu bekommen hatten. Es dauerte drei Jahre, bis alles abgezahlt war. Wir sehen es heute als die wichtigste Entscheidung auf dem Weg zu unserem heutigen Leben in märchenhafter Freiheit und Unabhängigkeit!

Ich habe viele Menschen kennengelernt, die sich mit der Macht des Unterbewußtseins, mit Autosuggestion, Subliminal, Esoterik und allen möglichen Dingen beschäftigen und sich davon erhoffen, mit Tricks zu schnellem Reichtum zu kommen.

Solange Sie nicht die »Goldene Regel« LEBEN oder nicht genau wissen, was Sie wollen, fragen Sie bitte Pallas erst gar nicht. Er wird keine Antwort für Sie haben. In der Steinzeit, als wir noch auf Fellen schliefen, sah »Steini«, daß eine seiner Frauen wieder einmal schwanger war. Er war nicht davon begeistert; denn für ihn hieß das nur, noch einen mehr durchzufüttern. Damit der Tag aber dennoch etwas Erfreuliches bringen sollte, legte er sich mit einer seiner anderen Frauen aufs Fell.

Was er nicht wußte, war, daß er damit selbst die Ursache setzte, sich in genau neun Monaten wieder ärgern zu müssen...

Nur für die Besten: Erfolg und Erfüllung

Wer die »Goldene Regel« nicht einhält, ist ebenso unwissend!

Dieses Universum ist nach Gesetzmäßigkeiten aufgebaut, die für alle Gerechtigkeit bedeuten. Wir bekommen das, was wir für unsere Entwicklung brauchen, nicht immer das, was wir gern möchten, aber das, was wir brauchen. Und wir haben die Möglichkeit, uns unsere Lernprozesse auszusuchen, leicht, mittel, schwer und sehr schwer.

Die leichteste Art ist die, sich an die »Goldene Regel« zu halten. Das heißt also, sich so zu verhalten, wie wir es von anderen gern hätten, und trotzdem Verständnis dafür zu haben, wenn sich andere anders und auch nicht wünschenswert verhalten. Verständnis zu haben, heißt aber nicht, sich alles gefallen zu lassen oder immer nur freundlich und höflich zu sein. Klartext, und vor allen Dingen VORHER Klartext zu machen, also zu sagen, was ich erwarte und was der andere von mir erwarten und nicht erwarten kann, ist eine weitere wichtige Voraussetzung für leichte Lernprozesse und ein wünschenswertes Leben.

Aber da bleibt noch die Angst vor Kritik. Die meisten Menschen vergeuden ihr gesamtes Leben damit – und ich glaube, daß ich hier nicht übertreibe –, es anderen recht machen zu wollen!

Bei uns in Pauanui hat ein 78jähriger Deutscher eine etwa 55jährige Holländerin geheiratet. Beide waren gerade in Europa und wollten ihre Eltern in Holland besuchen. Der holländische Schwiegervater wollte seinen Schwiegersohn nicht sehen, weil man ihn nicht vorher um Erlaubnis zur Heirat gefragt hatte. Nun macht sich der 78jährige Schwiegersohn Gedanken darüber, wie er es den Schwiegereltern recht machen könnte...

Was wollen Sie? IHR Leben leben oder das Leben anderer? Egal, was Sie tun, Sie werden immer einen finden, der Sie kritisiert!

Warum wollen Sie also versuchen, es anderen recht zu machen, wenn Sie wissen, daß dieser Versuch von vornherein zum Scheitern verurteilt ist?

Was muß erst in Ihrem Leben geschehen, bevor Sie Ihren eigenen Weg gehen und das tun, was Sie für richtig halten?

Sie sind der Mittelpunkt Ihres Universums! Daran wird nie jemand etwas ändern. Selbst wenn Sie versuchen sollten, sich dem Mittelpunkt entziehen zu wollen, Sie werden stets der Mittelpunkt Ihres Universums bleiben.

Vor 2000 Jahren lebte ein Mensch auf der Erde, der es eigentlich am wenigsten verdient hätte, kritisiert zu werden. Die Masse hat so lange so laut geschrien, bis man ihn kreuzigte. Wie groß ist Ihre Chance, Ihr Leben noch liebevoller zu leben? Und wie groß ist dann Ihre Chance, nicht mehr kritisiert zu werden?

Ihr eigenes Leben wartet auf Sie, lassen Sie es nicht zu lange in der Ecke stehen.

Aber sich an die »Goldene Regel« zu halten, ist auch noch nicht der einzige Sinn des Lebens und bringt auch noch keine dauerhafte Erfüllung. Wenn wir weiterhin Zeit und Geld, also Energie übrig haben, dann meinen wir, den Sinn des Lebens darin zu erkennen, andere zu führen, also eine Führungspersönlichkeit zu sein. Wir erkennen, daß wir etwas Besonderes sind, daß wir zu Größerem geboren sind und daß das immer noch nicht alles gewesen sein kann.

Wenn diese neue Lebensphilosophie allerdings nur damit erfüllt wird, daß wir ein größeres Auto fahren, ein größeres Haus haben, einen Sport betreiben, der »in« ist, dann bleibt es innen leer. Und solange es innen leer bleibt, ist das ein Zeichen dafür, daß wir unsere letzte Pflichtaufgabe, »zu teilen, was mir zuteil wurde«, noch nicht erfüllt haben.

Hier geht es also um die wirklichen Führungseigenschaften und Verhaltensweisen wie:

* einen integeren Charakter zu haben;
* die Möglichkeiten zu erkennen, die die Gegenwart bietet;
* den Mut zur Größe zu haben;
* einen eigenen Lebens- und Führungsstil zu pflegen;
* den Mut zur eigenen Entscheidung zu haben und diese Entscheidung auch zu verantworten;
* sich selbst und andere motivieren zu können;
* seine Ziele genau zu kennen und täglich einen Schritt für deren Verwirklichung zu tun;
* genug Selbstvertrauen zu haben und auszustrahlen;
* konsequentes Einhalten der eigenen Lebensphilosophie;
* das Vorleben der »Goldenen Regel«;
* die Ideen der Gruppe anzuhören, anstatt ihr die eigenen aufzudrücken;
* Lob, Anerkennung und Kritik im richtigen Verhältnis auszusprechen;
* Verantwortung zu übernehmen;
* Erwartungshaltungen klar vorher auszusprechen;
* Mißerfolge bei sich und anderen als Lernprozesse einzuordnen;
* unmißverständlich zu kommunizieren;
* Erfolge mit dem Team zu teilen;
* Verantwortung zu delegieren;
* Vertrauen auszusprechen;
* Mitarbeiter nach ihren Fähigkeiten zu erkennen und richtig einzusetzen;

* nie mit dem Erreichten vollkommen zufrieden zu sein.
Diese hohen Ansprüche bringen natürlich eine Angst mit –
die Angst, daß andere besser sein könnten!

Erkennen Sie nun, wie schnell wir uns mit unseren vier Pflichtaufgaben unsere Ängste einfangen?

Noch einmal zur Wiederholung:
1. die Angst, selbst geschlagen zu werden,
2. die Angst vor der Zukunft mit der Hoffnung, sie allein mit materiellen Gütern zu besiegen,
3. die Angst, kritisiert zu werden,
4. die Angst, bessere und machtvollere Menschen zu treffen, also die Angst vor der Konkurrenz.

All das, was gestern noch Lebensziel oder Sinn des Lebens war, ist heute – eine Stufe weiter – bereits Sackgasse.

Diesen Weg, den die Menschheit als Ganzes gegangen ist und geht, hat auch der einzelne in seiner persönlichen Entwicklung zu gehen. Jede Stufe bringt neue Lernprozesse, neue Erkenntnisse und einen neuen Sinn im Leben, aber auch die Gefahr mit sich, an den alten Ängsten hängenzubleiben.

Diese ersten vier Entwicklungsstufen sind aus meiner Sicht jedoch nur die Pflicht, und erst nach der Pflicht kommt die Kür. Nun haben wir alle Voraussetzungen erreicht, unsere persönlichen Fähigkeiten und Stärken voll zum Einsatz zu bringen. Nun können wir alles einsetzen, um uns selbst zu verwirklichen, um endlich das tun zu können, was uns wirklich voll und ganz erfüllt.

Erkennen Sie nun, daß jeder Versuch, sich selbst zu verwirklichen, ohne sich z. B. die Fähigkeit der Selbstdisziplin erworben zu haben, nicht erfüllend sein wird? Können Sie sich

vorstellen, daß jeder dieser Versuche ohne z. B. die Einhaltung der »Goldenen Regel« zum Scheitern verurteilt ist? Wird Ihnen klar, daß Selbstverwirklichung lächerlich ist, solange noch die Angst vor der Konkurrenz oder die Angst vor Kritik in uns steckt?
Wie heißt also die neue Lebensphilosophie, die uns durch die vier Pflichtübungen in die Kür bringt?

»Ich an erster Stelle, und
alles und jeder trägt dazu bei, mich weiterzubringen.«

Um hieran glauben zu können, sind folgende neue Einstellungen zum Leben notwendig:
1. **Ich schlage mich nicht länger durch, egal wie, sondern achte die Rechte anderer und ziehe immer mehr Menschen an, die dies auch tun. Ich kann mich und meine Familie mit einem Bruchteil meiner mir zur Verfügung stehenden Energie ernähren.**
2. **Ich sehe nicht länger materielle Güter als alleinige Sicherheiten an, sondern meinen Unternehmungsgeist, der ständig Tatenergie in mir freisetzt, täglich mein Bestes zu geben. Ich kann mit einem Bruchteil meiner mir zur Verfügung stehenden Energie für ausreichend materielle Sicherheit sorgen.**
3. **Ich teile, was mir zuteil wurde, weil dies die beste Garantie für mein Wachstum ist. Ich kann damit leben, kritisiert zu werden und richte mein Leben nach meinen eigenen Maßstäben, ethischen Grundsätzen und den Zielen aus, die zu meiner Persönlichkeitsstruktur passen.**
4. **Es gibt keine Konkurrenz für mich; denn ich bin einmalig und tue das, was zu mir paßt und was ich für richtig halte. Ich bin für andere ein Vorbild und bin fähig, an-**

dere Menschen so zu führen, daß sie eine echte Chance haben, auch ihre vier Pflichtübungen zu erfüllen.
5. Ich habe meine vier Pflichtübungen erfüllt und immer noch genug Energie frei, um das zu tun, was mich wirklich erfüllt. Ich erfülle, was mich erfüllt.

Natürlich verlaufen die Stufen nicht linear von eins bis fünf, sondern Sie leben wahrscheinlich gleichzeitig in allen fünf Stufen. Es kommt also darauf an, wofür wir die meiste Energie verwenden. Ein Mensch, der andere kritisiert, fühlt sich wahrscheinlich auch immer kritisiert und verschwendet einen Großteil seiner Energie für die dritte Stufe, anstatt diese Energie für die Selbstverwirklichung zu nutzen.

Treffen Sie also die klare Entscheidung, wofür Sie Ihre Energie verwenden wollen! Wer viel Geld für Alkohol, Tabak und Vergnügungen ausgibt, aber nicht genug Einkommen hat, wird die erste Stufe kaum verlassen können.

Einer meiner früheren Freunde war jüdischer Abstammung. Ich habe von ihm folgendes gelernt: Wieviel du auch verdienst, nimm ein Drittel davon zum Leben, ein Drittel zum Investieren und ein Drittel zum Anlegen. Natürlich konnte auch ich das nicht gleich realisieren; denn ich brauchte zu dieser Zeit alles zum Leben. Aber als ich aufhörte, mein Geld für Alkohol, Tabak und andere Dinge zu verplempern, war der erste Schritt getan.

Dieses Kapitel hat nun alles enthalten, um zu wissen, wie Ihre nächsten Schritte in der Praxis aussehen könnten. Lesen Sie es bitte nochmals, tragen Sie auf jeder Seite Ihre Erkenntnisse ein, und legen Sie konkrete Schritte für Ihre tägliche Praxis fest. Natürlich können Sie das Buch auch wieder in den Schrank stellen, wegwerfen, verschenken ...

Nur für die Besten: Erfolg UND Erfüllung

Was kann ich aus diesem Kapitel lernen und erkennen und für mein Leben in Erfolg UND Erfüllung umsetzen?

Andrea Lutzenberger, 8960 Kempten, Cambodunum-Finanz:

„Wenn du davon träumen kannst, kannst du es auch tun."

Alfred R. Stielau-Pallas

CHRONIK 1980

Am dritten Tag des neuen Jahres erfüllte sich für meine Frau ihr wohl sehnlichster Wunsch. Sie gebar einen kerngesunden Sohn. Der Arzt aus Salzburg war ein Könner auf seinem Gebiet und erleichterte ihr diese Stunden so gut es ihm möglich war. Ich konnte ihr nur die Hand streicheln und sie zum richtigen Atmen anleiten.

Die Bad Reichenhaller Berge lagen schneebedeckt in der Wintersonne, und ich fuhr überglücklich nach Hause. Im Radio lief ein Lied von den Beatles, und ich wußte, daß alle Verwandten und Freunde auf einen Anruf warteten.

„Ja, ein Junge, und kerngesund!"

Für mich war es nicht so wichtig, ob es nun ein Junge oder Mädchen gewesen wäre, aber Gisela »wußte« es halt.

Ich war zwar darauf vorbereitet, daß ich nun auf den zweiten Platz abrutschen würde, war aber nicht darauf gefaßt, daß Alexander nicht nur den ersten Platz besetzen würde und ich erst an achter Stelle kommen sollte.

Aber ich hatte genug Arbeit, und so hatten wir beide genug zu tun, meine Frau **mit** dem Stillen und ich mit dem Arbeiten **im** stillen.

Im Karrierehandbuch hatte ich eine Rubrik »Interviews« eingerichtet und begann, prominente und erfolgreiche Persönlichkeiten zu interviewen. Ich wollte wissen, was wirklich der Grund für außergewöhnlichen Erfolg ist; denn bisher hatte ich nach wie vor das Gefühl, in meinen Seminaren noch nicht alle zu Erfolg und Erfüllung führenden Faktoren berücksichtigt zu haben, und dafür sollte ich auch die Bestätigung bekommen.

Nur für die Besten: Erfolg UND Erfüllung

Prof. Dr. Hans Hass war mein erster Interviewpartner. Ich besuchte ihn in seiner Wohnung in Wien, wo er auch seine Filme bearbeitete. Eine wirklich herausragende Persönlichkeit, die nicht nur Erfolg, sondern auch Erfüllung repräsentierte.

Später sollte ich nochmals nach Wien kommen, um Niki Lauda zu interviewen.

Ja, und dann im März war ich meiner Zeit einmal wieder sechs Jahre voraus. Oder legte ich den Baustein für das, was bereits sechs Jahre später Wirklichkeit werden sollte?

König Taufa'ahau Topou IV, besser bekannt als König der 183 Tonga-Inseln im Südpazifik, hatte angeboten, Land für deutsche Investoren zur Verfügung zu stellen, und ich träumte von einem Seminarzentrum für deutsche Manager auf einer einsamen Insel.

Mein Freund Walter Ernsting, unter dem Namen »Clark Darlton« weltbekannter Science-fiction-Autor, und ich machten uns also auf nach Tonga, um uns eine Insel auszusuchen. Der King empfing uns auch persönlich, aber er sprach mehr über seine Hühner und Gänse als über Busineß. Aber er stellte uns auf jeder Insel einen Führer zur Verfügung, was über Radio angekündigt wurde, und so waren wir nach ein paar Tagen bekannt. Was half, war der Fakt, daß seine Söhne begeisterte Fans von Walters »Perry Rhodan« waren, und so standen uns alle Inseln offen.

Allerdings ist es warm auf Tonga, und an meinem 33. Geburtstag lag ich mit einem ernsthaften Hitzschlag flach. Wir hatten unser Auto im Schatten einer Palme freischaufeln müssen, und ich mußte die Erfahrung machen, daß eine Stunde Schatten auf Tonga sonniger ist als drei Stunden Sommersonne in Deutschland.

Und überhaupt.

Südseeparadies, das funktioniert nur im Fernsehen oder aus dem Flugzeug. Das sieht alles traumhaft schön aus, aber die Wirklichkeit ist anders. Doch ich will nicht weiter darüber berichten; denn wenn Sie Ihre Weltreise schon gebucht haben, dann wird es Ihnen auch drei oder vier Tage bestens gefallen. Wenn Sie drei Wochen gebucht haben, dann müssen Sie schon ein Typ dafür sein. Und Walter ist so ein Typ, aber nicht ich.

Falls Sie noch eine Erstausgabe des Karrierehandbuches haben sollten:
Beim Seminarzentrum auf Tonga ist es in der Planungsphase geblieben ...

Nur für die Besten: Erfolg UND Erfüllung

Was kann ich aus diesem Kapitel lernen und erkennen und für mein Leben in Erfolg UND Erfüllung umsetzen?

Adelheid und Hubert Messer, 6070 Langen

„Ich lenke meine Aufmerksamkeit auf alles Schöne, Gute und Wahre."

Alfred R. Stielau-Pallas

ERFOLG ODER ERFÜLLUNG?
DAS IST HIER DIE FRAGE!

Wenn uns unser Sohn auch in jeder Beziehung erfreut und eigentlich keinerlei Sorgen bereitet, so wünschte ich manchmal doch, daß es weder Spielzeugläden noch McDonald gäbe.

Zur Zeit gibt es gerade Plastiknasen bei McDonald. Gut, sie kosten nur 50 Cents das Stück, aber was will er mit einer Affennase, einer Tukannase, einer Krokodilnase und einer Tigernase?

Die vier Untertassen, die vier Schiffe und die Figuren und Fahrzeuge, die er von McDonald hat, haben im Gegensatz zu den Pommes einen Nachteil. Sie liegen nach der Heimfahrt in der Ecke und nehmen immer mehr Platz ein. Sein Zimmer kann es bereits mit einem mittleren Spielzugladen aufnehmen.

Aber was soll seine Mutter dazu aus voller Überzeugung sagen? Derzeit wird bei uns angebaut. Nicht etwa, weil wir keinen Platz zum Schlafen oder Sitzen hätten, sondern weil die Kleiderschränke nicht mehr ausreichen und ein Raum benötigt wird, um weitere aufzustellen. Aber was soll ihr Mann dazu aus voller Überzeugung sagen?

Er könnte nur schlecht damit leben, wenn auf der Bestenliste der Video- und Fotomagazine eine Kamera auf dem ersten Platz erscheint und seine auf den zweiten oder gar dritten abrutscht. Jedes Jahr kommt man ein- oder zweimal nach Singapur, und dort ist alles so preiswert, so preiswert, daß man vor lauter Sparen sein ganzes Geld loswird, wie auch Shirley McLaine schon bemerkte.

Nur für die Besten: Erfolg UND Erfüllung

Und was sagen Sie dazu?
Geht es Ihnen etwa auch so, daß Sie kaum nach der Wunscherfüllung, die Sie für »lebenswichtig« hielten, schon wieder einen anderen Wunsch haben? Einige Männer verlieren sogar die Lust an der neuen Freundin oder Frau, sobald sie sie erobert haben, und einigen Frauen geht es ebenso.

Ist das nun ein Sammeltrieb, ein Besitztrieb oder ein Ersatztrieb, für was auch immer? Ist diese ständige Unzufriedenheit, die sogar die Kühe dazu treibt, ihre Köpfe durch den Stacheldrahtzaun auf die andere Seite zu stecken, wirklich notwendig?

Ja, aber...

Würde diese ständige Unzufriedenheit nicht in uns Menschen stecken, wir müßten wohl auf alle Erfindungen, die in den letzten 50000 Jahren gemacht wurden, verzichten. Ohne die Unzufriedenheit des Mannes, der es satt hatte, seine Lasten zu tragen, und deshalb das Rad erfand, müßten wir heute noch zu Fuß gehen, und ohne die geniale Unzufriedenheit Edisons müßten wird heute noch im Dunkeln fernsehen...

Aber alles hat seine Vor- und Nachteile, seine Licht- und Schattenseiten. Auf der einen Seite ist dieser Trieb nach Neuem – oder sollten wir lieber sagen, diese Hoffnung, daß wir dann damit glücklich sein würden – notwendig, um uns auf allen vier Stufen unserer Pflichtübungen zu motivieren. Doch auf der anderen Seite stehen wir uns mit dieser Hoffnung im Weg, uns schon heute erfüllt zu fühlen.

Die Philosophie, die Hoffnung von gestern, wird zur Sackgasse von heute. Gestern war es ein Antrieb, ein Impuls, eine Hoffnung, die in uns enorme Kräfte und Energien mobilisierte, und heute ist diese Unzufriedenheit eine verschlossene Tür zur Erfüllung. Der Schlüssel heißt: Dankbarkeit!

Nicht: »Wenn ich mein Ziel erreicht habe, dann bin ich glücklich« ist richtig, sondern: »Ich bin glücklich, an der Erreichung meines nächsten Zieles arbeiten zu dürfen.«

Nicht das Ziel zu erreichen, ist das Ziel, sondern der Weg zum Ziel sollte das Ziel sein, oder besser gesagt: Es geht nicht darum, nur Ziele zu erreichen, sondern es geht darum, Ziele zu erreichen und den Weg zum Ziel als Aufgabe zu betrachten.

Wer das Leben nur lebt, wenn das Ziel erreicht ist, für den ist es verdammt kurz. Wer das Leben aber lebt, während er auf dem Weg zum Ziel ist, lebt sein ganzes Leben!

Wer nur von einem Ziel zum anderen hetzt, wird zwar in den Augen anderer Erfolg haben, aber er selbst wird sich nicht erfolgreich fühlen können. Er ist ein Roboter, ein Computer, aber kein erfüllter Mensch. Und nicht jeder Workoholiker ist jemand, der seine Arbeit liebt, er ist lediglich von ihr besessen!

Sind nicht sogar die unerwünschten Zeiten und Situationen in unserem Leben diejenigen gewesen, die uns wirklich geprägt haben?
Wenn Leben nur auf den Höhepunkten stattfindet, dann wird es verdammt kurz.

Erst, wenn wir zu der Reife, der Demut und der Größe gelangen, jeden Augenblick zu leben, zu erleben und dankbar anzunehmen, was uns der heutige Tag bringt, dann findet Leben wirklich statt und ist lebenswert.

Erfolg oder Erfüllung? Das ist nicht die Frage!
Erfolg UND Erfüllung! Und die Frage heißt: »Wie?«
„Ich bin in liebevoller, demütiger Dankbarkeit für mein

Nur für die Besten: Erfolg und Erfüllung

traumhaft schönes Leben in märchenhafter Freiheit und Unabhängigkeit!"

Diesen Satz machen meine Frau und ich uns seit einigen Monaten täglich mehrmals bewußt; denn wir leben wirklich ein traumhaft schönes Leben in märchenhafter Freiheit und Unabhängigkeit. Und wenn ich zurückdenke, dann war mein gesamtes Leben davor eine Vorbereitung dafür, bis ich in der Lage war, es in liebevoller, demütiger Dankbarkeit annehmen zu können.

In der Zeit der Vorbereitung war mein »Gebet« oder meine »Meditation«: „Ich bin in liebevoller, demütiger Dankbarkeit, daß DU immer stärker durch mich wirkst." Zu dieser Zeit spürte ich, daß ich noch nicht reif war für ein traumhaft schönes Leben. Ich merkte, daß ich mich hängenlassen würde ohne Lernprozesse. Ohne den finanziellen Druck im Nacken zum Beispiel hätte ich so manche Arbeit nicht getan, so manch einen Kunden nicht besucht. Und vielleicht wäre dieser ein Kunde gewesen, der mein Seminar für seine Entwicklung gerade dringend gebraucht hat. Nicht, daß unsere Kunden es am nötigsten haben, ein Seminar zu besuchen, ich bin vom Gegenteil überzeugt, aber vielleicht stand er kurz vor dem Durchbruch zur Erfüllung und...

Am besten ein Beispiel:
Einer unserer heutigen Seminarleiter besuchte jedes Seminar bei uns, um sich wirklich gut ausbilden zu lassen. Als Topverkäufer in der Investment-Branche wunderte ich mich allerdings, daß er sich auch zum »Verkaufspsychologischen Rhetorik-Seminar« anmeldete. Was ich nicht wußte, war, daß er unsere Aufgabe als rein geistige Angelegenheit ansah, bei der wir nur durchs Leben zu schweben brauchen und der

liebe Gott uns die Kunden entgegenschweben lassen würde. Er hatte die Nase voll vom »harten« Verkauf und hoffte, bei uns darauf warten zu können, daß alles »wie von selbst« geschieht.

In diesem Seminar lernte er mich jedoch als Verkäufer kennen. Und ich verkaufe mit Begeisterung, zwar nicht mit Druck und Tricks, aber gezielt und ohne lange Umschweife oder schmusiges Gerede.

Für ihn brach eine Welt zusammen. Ich glaube, dieses Seminar kam gerade im richtigen Moment, um ihn davor zu bewahren, sich in eine Scheinwelt zu flüchten.

Für viele andere kommt ein Seminar gerade richtig, weil sie meinen, wenn sich die anderen ändern würden, dann wäre ihre Welt in Ordnung. Und nun erkennen sie rechtzeitig, sich selbst in den Mittelpunkt ihres Universums zu stellen. Das gehört nämlich auch dazu!

Also, in der Zeit der Vorbereitung für ein traumhaft schönes Leben in märchenhafter Freiheit und Unabhängigkeit sind verschiedene Lernprozesse wichtig, vor denen wir uns gern drücken würden. Aber damit würden wir uns auch selbst von der Ernte ausschließen.

Es sind die Lernprozesse selbst, die uns den Sinn geben, die uns vorbereiten für die nächste Aufgabe und deren Bewältigung uns letzten Endes auch erfüllt.

Stellen Sie sich vor, Sie haben kerngesunde Zähne und kommen zum Zahnarzt. Er freut sich und sagt Ihnen: „Ich habe gerade einen neuen Bohrer erhalten, der besonders gut sein soll. Daß er bei verfaulten Zähnen funktioniert, weiß ich, aber ich möchte gern einmal sehen, wie er mit gesunden harten Zähnen fertig wird. Darf ich mal . . .?"

Die Sache macht keinen Sinn, also sind wir auch nicht bereit. Wir sind aber durchaus bereit, uns die faulen Stellen aus unseren kaputten Zähnen bohren zu lassen, weil dies einen Sinn macht und wir damit in eine bessere Zukunft gehen.

Erkennen Sie den Vorteil, Ihr Leben von Beginn an auf die Selbstverwirklichung auszurichten? Unter dem Blickpunkt der Selbstverwirklichung bekommen viele unangenehme Dinge plötzlich einen Sinn. Sie sind nicht länger ein Hindernis für die Erreichung des nächsten Zieles, sondern ein notwendiger Schritt, um sich überhaupt auf den Weg zum nächsten oder übernächsten Ziel machen zu können.

Und wenn wir die ersten vier Stufen, die ich hier einmal »Pflichtübungen« genannt habe, gleich als solche sehen und nicht schon auf diesen ersten vier Stufen jeweils in die Hoffnung verfallen, bereits den wünschenswerten Endzustand erreicht zu haben, erkennen wir, daß unsere Entwicklung noch nicht abgeschlossen ist.

Erfolg UND Erfüllung, aber wie?
Der sichtbare Erfolg, das ist die Summe der erreichten Ziele. Die Erfüllung ergibt sich in der Art der Ziele und der Art und Weise, wie und mit welcher Einstellung wir sie erreichen können.

Vielleicht erkennen Sie immer deutlicher, wie wichtig es ist, daß Sie sich anhand dieses Buches selbst Notizen machen, damit das, was Sie lesen, in Ihr Leben umgesetzt werden kann, und zwar so, wie es für Sie richtig ist!

Vielleicht machen Sie erst einmal eine Notizenpause.

Was kann ich aus diesem Kapitel lernen und erkennen und für mein Leben in Erfolg UND Erfüllung umsetzen?

Dipl.-Ing. Albert Müller, 5000 Köln,
Euphonia Hifi-Studios:

„Je mehr ich die Liebe als Quelle aller Energie nutze, desto mehr erfahre ich die Unendlichkeit dieser göttlichen Kraft."

CHRONIK 1981

Nun wollte ich ausprobieren, ob geistige Gesetzmäßigkeiten wirklich funktionieren. Ich wollte herausfinden, ob das, was ich mit anderen teilte, mir auch dann einen Vorteil bringen würde, wenn ich es mir nicht direkt bezahlen lassen würde.

Und so richtete ich den Telefon-Service ein. Ich schrieb jeden Tag einen motivierenden Text von einer Minute Dauer, den jeder anhören konnte. Die Nachricht verbreitete sich sehr langsam, daß jemand etwas zu verschenken hat, und die Presse war nicht daran interessiert: „Sie können mir doch nicht weismachen, daß Sie kein geschäftliches Interesse daran haben!?"

Zwei Jahre lang gab ich keinerlei Kontaktadressen durch. Niemand wußte, wer dahintersteckt, lediglich unsere Seminarteilnehmer. Ich wollte sehen, ob es sich positiv für mich auswirken würde, wenn ich kostenlos »etwas Gutes tue«. Damals wußte ich noch nicht, daß wir eines Tages mehr als eine Million Anrufe bekommen haben sollten, bis zu über 800 pro Tag!

Es ging weiter bergauf, langsam, aber kontinuierlich. Die ersten Seminare hatte ich bereits auf Mallorca, Kreta, Korfu und an anderen schönen Orten durchgeführt.

Wir hatten unseren bescheidenen Erfolg und unsere volle Erfüllung; denn wir taten genau das, was uns nicht nur viel Spaß bereitete, sondern auch in unserer Persönlichkeitsentwicklung weiterbrachte. Nach wie vor arbeitete ich an neuen Seminaren und führte mein erstes Drehbuchseminar durch. Nun, das war damals noch lange nicht das, was es heute ist, aber Rom wurde auch nicht an einem Tag erbaut, und für die Teilnehmer war es damals schon umwerfend. Manchmal auch wörtlich; denn die Erfahrungen waren so tief, daß sie Mühe hatten, sie in wenigen Tagen Seminar zu verkraften.

So begann ich, mir Gedanken über ein Langzeitprogramm zu machen, in dem ich alle meine Erfahrungen integrieren wollte,
als charismatischer Buchautor,
als motivierender Texter und Sprecher,
als positiver Seminarleiter,
als fairer und zielstrebiger Verkäufer,
als begeisterter Vater und glücklicher Ehemann und
als Unternehmer mit Erfahrungen auf mehr als einem Gebiet.

Wie man so vom Himmel belohnt wird, lief unser Mietvertrag in unserem schönen Bungalow ab, so daß wir uns auf die Suche nach etwas Besserem umsehen mußten. Und so fanden wir wieder ein Haus als Erstbewohner, das ein traumhaftes Dachgeschoß mit verglastem Giebel für mich als Büro hatte.

Ein wirkliches Traumhaus für unsere Bedürfnisse; denn es lag so schön, daß Alexander dort seine nächsten fünf Lebensjahre in idealem Umfeld verbringen konnte.

Wir machten die Erfahrung, daß die schöpferische Liebe bereitwillig durch uns strömt, wenn wir nur bereit sind, uns ihr zu öffnen. Und wir erlebten in unserer kleinen Familie, daß Liebe nicht heißt, nach Liebe zu suchen, sondern selbst liebevoll zu sein. Daß es nicht heißt, allem zuzustimmen und von morgens bis abends zu grinsen, sondern sich selbst zu verstehen, sich selbst zu akzeptieren, also an erster Stelle liebevoll mit sich selbst zu sein.

Und ich verstand so langsam, daß liebevoll zu sein nicht außen, sondern innen stattfindet und nichts damit zu tun hat zu meinen, zu jedem freundlich und nachgiebig sein zu müssen, sondern daß liebevoll zu sein heißt: sich der schöpferischen Energie zu öffnen und diese schöpferische Energie in den eigenen Körper einströmen zu lassen, jede Körperzelle gedanklich in Licht und Liebe einzuhüllen.

Was kann ich aus diesem Kapitel lernen und erkennen und für mein Leben in Erfolg UND Erfüllung umsetzen?

Wilfried Müller, 2848 Vechta, Fa. Arthur Müller

„Alles und jeder trägt dazu bei, mich weiterzubringen, und während ich alles und jeden liebe, trage ich dazu bei, andere weiterzubringen."

NUR FÜR DIE BESTEN: ERFOLG UND ERFÜLLUNG

WAS IST EIGENTLICH EIN TRAUMHAFT SCHÖNES LEBEN?

Ein Leben auf einer Insel, ein Segeltörn rund um die Welt, ein gesichertes Einkommen oder gar ein Lottogewinn?

Ein traumhaft schönes Leben ist – wenn Sie einmal zurückblättern wollen – eine Aufgabe, eine Arbeit, die wir lieben, eine Arbeit, die wir auch dann tun würden, wenn wir sie nicht so gut bezahlt bekämen oder das Geld nicht bräuchten.

Ich sitze hier am Computer, es ist der 30. 12. 88, und um mich herum macht alles Urlaub. Ganz Neuseeland ist zwischen dem 25. Dezember und dem 15. Januar im Urlaub. Wenn ich aus dem Fenster schaue, sehe ich die Segelboote, Wasserskiläufer, Windsurfer und neuerdings auch die Jetskies auf dem Wasser.

Aber ich schreibe dieses Buch nicht nur für Sie, ich schreibe es auch für mich! Ich schreibe es, um meine eigenen Gedanken einmal wieder zu ordnen, um mich selbst einmal wieder auf den neuesten Stand meiner Gedanken zu bringen. Und ich schreibe es, weil es mich in eine positive Schwingungsebene bringt. Ich fühle direkt, wie mich schöpferische Energie durchströmt, wie ich neue Energie erhalte, wie ich geführt und fast getrieben werde, diese Zeilen zu schreiben.

Natürlich gehe ich auch nach wie vor zum Windsurfen, Golfen, Segeln, Fliegen oder was auch immer. Aber das ist für mich keine Betätigung der Erfüllung, sondern nur Abwechslung, Entspannung oder Spiel. Ein traumhaft schönes Leben beinhaltet alle diese Dinge, und ich bin der Meinung, Sie können in Oberbayern genauso gut leben wie auf Hawaii oder den Bahamas.

Gerade vor ein paar Tagen erhielt ich von einem unserer Forumleiter Ed Decker ein wunderschönes Buch über Deutschland. Es sind so zauberhafte Aufnahmen darin, daß unsere Nachbarn uns fragen, warum wir hierhergekommen sind. Daraufhin zeigte ich ihnen ein paar Dias von Pauanui. Sie erkannten teilweise ihren eigenen Ort nicht.

Traumhaft schön ist diese Welt überall, wenn wir in der Lage sind, sie überhaupt erst einmal zu sehen und zu entdecken. Das Geheimnis liegt nicht darin verborgen, den richtigen Ort zu finden, sondern darin, den richtigen Blick zu üben.

Was ist märchenhafte Freiheit?

Mit unseren Gedanken, Gefühlen und Vorstellungsbildern beeinflussen wir unseren Körper, unser Gemüt, unsere Verhaltensweise, damit die Verhaltensweisen anderer, unser Image und unser Wahrnehmungsspektrum.

Sobald oder solange wir nur stets darauf reagieren, wie sich andere uns gegenüber verhalten, werden wir das Leben anderer leben und auf unsere Freiheit verzichten müssen. Märchenhafte Freiheit ist in erster Linie die Freiheit unserer Gedanken, die Welt so zu sehen und zu beurteilen, wie wir sie sehen und beurteilen wollen. Märchenhafte Freiheit ist: mit sich selbst in Harmonie zu sein, auch wenn die Umstände turbulent sind.

Märchenhafte Freiheit ist: sich selbst zu lieben, auch wenn wir uns nicht so verhalten haben, wie wir es eigentlich von uns erwarteten.

Märchenhafte Freiheit ist: auch Verständnis für andere zu haben und trotzdem klar zu entscheiden, ob wir mit ihnen zusammenarbeiten oder zusammenleben wollen oder nicht.

Märchenhafte Freiheit ist; zu erkennen, daß wir mit unseren Gedanken unsere Zukunft selbst beeinflussen können.

Nur für die Besten: Erfolg und Erfüllung

Was ist Unabhängigkeit?
Unabhängigkeit heißt nicht, von Nahrung, Schlaf und anderen Voraussetzungen frei zu werden, den Körper gesund und fit zu erhalten.

Unabhängigkeit heißt: auch nicht zu meinen, daß sich unser Körper aus sich selbst heraus mit Lebensenergie versorgen kann.

Unabhängigkeit heißt: zu erkennen, daß wir stets unsere Entscheidungen selbst treffen können und auch müssen.

Unabhängigkeit heißt zu erkennen, daß es nur eine Macht in diesem Universum gibt, eine Macht, die es uns ermöglicht, unsere Aufgabe zu erfüllen, ohne von einem bestimmten Kunden, einem bestimmten Produkt, einer bestimmten Firma oder einer bestimmten Gelegenheit oder Situation abhängig zu sein.

Unabhängigkeit heißt: die Dinge tun zu können, die für unsere Aufgabe, für unser geistiges Wachstum erforderlich sind, anstatt der Abhängigkeit unserer alten Ego-Programme zu unterliegen.

Wenn ich die größte Ursache aller menschlichen Probleme nennen sollte, dann würde ich das Sich-Durchsetzen der eigenen Ego-Programme an die erste Stelle setzen.

Ich habe fähige, fleißige, zielstrebige und liebenswerte Menschen erlebt, die ihren bereits großen Erfolg dem Ego geopfert haben. Ich habe Menschen gesehen, die trotz eines sicheren hohen Einkommens alles aufs Spiel setzten, nur weil sie der Versuchung nicht widerstehen konnten, ein paar unerlaubte Mark extra zu machen!

Erkennen Sie jetzt, warum es so wichtig ist, sich der eigenen Programme bewußtzuwerden oder sie, noch besser, endlich anzuerkennen und möglichst abzulegen?

Immer, wenn Sie der Meinung sind: „Das trifft für mich nicht zu!" –
Seien Sie besonders vorsichtig!

Überheblichkeit, Ignoranz der Realität, Angst vor Eigenkontrolle und damit die Vortäuschung falscher Tatsachen, vor allem sich selbst gegenüber, sind die »besten« Voraussetzungen für nicht wünschenswerte Lernprozesse oder auf altdeutsch: Bruchlandungen.

Ich habe genug »Führungskräfte« erlebt, die mit absoluter Präzision in die Pleite gingen. Sie haben nachweislich absolut nichts falsch gemacht! Aber leider auch zuwenig richtig.

In vielen Großunternehmen ist eine wichtige Treppe auf dem Weg nach oben die »Mißerfolgs-Verhinderungs-Treppe«. Auf dieser Treppe befinden sich all jene, die nachweislich nichts falsch machen, keine falschen oder gar unpopulären Entscheidungen treffen und vor allen Dingen dafür sorgen, daß die Fehler der anderen auffallen und Entscheidungen verhindert werden, die anderen Vorteile bei der »Punkte-Bewertung« geben könnten.

„Ich bin in liebevoller, demütiger Dankbarkeit für mein traumhaft schönes Leben in märchenhafter Freiheit und Unabhängigkeit."
Erfolg UND Erfüllung – und damit ein sinn- und gehaltvoller Lebensstil – erfordern in erster Linie die Fähigkeiten,
1. genau zu wissen, was man will,
2. sich dies bildlich vorstellen zu können,
3. das Selbstvertrauen, sich dies zuzutrauen,
4. die spontane Entscheidungsfreude, zielführende Chancen zu nutzen,
5. klar, deutlich und offen mit anderen zu kommunizieren,
6. sich und seine Idee verkaufen zu können,

7. jeden Tag neu motiviert zu sein, das Ziel zu verfolgen,
8. den Mut und die Konsequenz, es auch gegen die Kritik anderer zu tun, und
9. die Aufrichtigkeit, sich selbst und anderen gegenüber auf der Grundlage der »Goldenen Regel«.

Nur materiellen Erfolg zu haben, ist lediglich eine Frage der Einhaltung bestimmter Prinzipien. Erfüllung dagegen erfordert, diese Prinzipien auch verlassen zu können, um sich seinem höherführenden Selbst anzuvertrauen.

Was heißt das im Klartext?

Ich kenne genug Menschen, die auf ihrer Karriereleiter die oberste Sprosse erklommen haben, um sich dann zu fragen: „Soll das etwa alles gewesen sein, was mir das Leben zu bieten hat?"

Um Karriere zu machen, ist es nützlich, sich eine enge Weltanschauung aufzubauen. Das ist richtig, und das ist falsch! Sie erinnern sich an das Hollywood-Drehbuch!?

Sie brauchen nur alles, was zur Karriere beiträgt, als richtig und wichtig in Ihrem Unterbewußtsein zu verankern, und alles, was abträglich ist, als falsch und unwichtig. Nach kurzer Zeit leben Sie in einer heilen kalten Welt, in der es nur noch Zahlen, Daten und Fakten gibt. Nicht das Leben selbst ist länger wichtig, sondern die Daten, Zahlen und Fakten, die Sie meinen, verändert zu haben. Und schon sehen Sie sich als den Macher an, der alles machen kann.

Vielleicht bringt Sie ein Magengeschwür, ein Herzinfarkt, die Tatsache, daß der Partner sich von Ihnen trennen will oder was auch immer, dazu, wach zu werden und Ihre kleine Weltanschauung ins Wanken zu bringen.

Vielleicht schlagen Sie dann sogar ins andere Extrem um und suchen nun das Heil in einer anderen kleinen Weltanschauung. Es ändern sich lediglich die Werte. Karriere ist nicht mehr das Wichtigste, sondern das Unwichtigste. Und schon haben Sie wieder einige unumstößliche Standpunkte, lediglich mit anderen Werten.

Letzten Sonntag gastierte hier in Pauanui ein Clown. Am Dialekt hörte ich, daß er auch ein Deutscher sein muß. Ich sprach ihn nach der Vorstellung an, und wir trafen uns am Abend bei unseren deutschen Nachbarn. Er wird in Kürze 50 und war früher Hauptdarsteller im Musical »Hair« sowie Rundfunksprecher und hatte eigentlich schon die wichtigsten Schritte auf der Leiter nach oben erreicht.

Dann wurde ihm in einem anderen Seminar bewußt, daß es sein größter Kinderwunsch war, »Clown« zu werden, und so wurde er Clown. Inzwischen war er in allen Therapien, die »in« sind, einschließlich ein Jahr in Poona, und hat nun weder Erfüllung noch Erfolg; denn von 50 Kindern mit $ 5,- Eintritt kommt er gerade so über die Runden.

Wissen Sie, was ihn ausgebremst hat? Sein Großvater! Er war bis gestern noch mit seinem Großvater auf Protest, der ihm beibringen wollte, wie man mit Geld umzugehen hat. Dies hat er so protestiert, daß er stets alles Geld ausgab, wenn er es hatte, und dann sein Heil in der »Menschlichkeit« suchte.

Ich empfahl ihm, seinem (verstorbenen) Großvater einen Brief zu schreiben, um die Situation innerlich zu klären.

Am nächsten Tag besuchte er uns und brachte seinen Brief mit. Er hatte seinem Großvater vergeben und sagte mir, daß er bereits schon einmal eine »Jesus-Vergebe-Woche« durchgeführt hatte. Ich wollte wissen, was das bedeutet, und so klärte er mich auf.

Nur für die Besten: Erfolg UND Erfüllung

„Jesus sagte, vergib ihm 7 x 70 mal, und so habe ich über sieben Tage täglich 70mal aufgeschrieben, ich vergebe dir."
„Mit welchem Erfolg?" wollte ich wissen. „Nun, ich habe es nur zwei Wochen geschrieben."
Wenn wir anderen vergeben, dann heißt das, daß wir ihnen unterstellen, sie hätten uns etwas angetan. Und je mehr ich vergebe, um so mehr rede ich meinem Unterbewußtsein ein, daß es da etwas zu vergeben gibt. In anderen Worten: Ich sehe das, was der andere mir angeblich angetan hat, immer wieder klar vor Augen! Richtig vergeben kann nur funktionieren, wenn wir uns bedanken!

Ich bin in liebevoller, demütiger Dankbarkeit, daß DU immer stärker durch mich wirkst! Wenn ich dankbar annehme, was ich sowieso nicht ändern kann, dann erkenne ich auch, daß ich es offensichtlich brauche! Dann erkenne ich, daß der Großvater das getan hat, was er für richtig hielt und was dazu beitrug, daß ich derjenige werden konnte, der ich heute bin.

Alles und jeder trägt dazu bei, mich weiterzubringen! Wir machen uns unsere Gefühle selbst!

Nicht »Du machst mich wahnsinnig«, sondern ich LASSE mich durch Dich wahnsinnig machen, aber ich bräuchte es eigentlich nicht.

Eine ehemalige MZE-Führungskraft sagte treffend: „Ich könnte mich schon wieder unheimlich aufregen – aber ich bin nicht dazu verpflichtet!"
Begriffen?
Dem Clown fiel es wie Schuppen von den Augen.

Was kann ich aus diesem Kapitel lernen und erkennen und für mein Leben in Erfolg UND Erfüllung umsetzen?

Birgitt und Paul Nirschl, 8403 Bad Abbach:

„Alles und jeder trägt dazu bei, uns weiterzubringen."

NUR FÜR DIE BESTEN: ERFOLG UND ERFÜLLUNG

CHRONIK 1982

Schon als Kind stand für mich fest, daß ich eines Tages auswandern werde, und zwar in eine wärmere Gegend. Und so kam eigentlich nur Neuseeland in Betracht; denn Kanada war zu kalt, USA zu laut und Australien zu einsam, jedenfalls war das die Vorstellung, die ich von diesen Ländern hatte. Von Neuseeland wußte ich nicht einmal genau, wo es liegt, aber ich hatte nur Schönes davon gehört.

Eigentlich hatten wir es jetzt geschafft. Unser Einkommen war durchaus in Ordnung, die Seminare liefen so gut, daß wir keinerlei Befürchtungen zu haben brauchten. Und so hatte ich auch Zeit für meine eigene Weiterentwicklung.

Ich lag das erste Mal in einem »Meditations-Tank«, einem sargähnlichen Behälter, der mit Salzwasser angefüllt und von der Außenwelt hermetisch abgeschlossen ist. Kaum, daß ich in Meditation versank, sagte mir meine innere Stimme, daß ich innerhalb des kommenden Monats mein nächstes Buch schreiben sollte. Ich war skeptisch bis sicher, daß das nicht funktioniert; denn ich hatte für meine ersten beiden Bücher jeweils mehr als ein Jahr benötigt.

Nach 26 Tagen war es fertig, und ich entschloß mich für eine einmalige Luxusausgabe in Leder mit Echtgoldprägung, fadengeheftet und einer unsagbar schönen Schrift, die keiner überfliegen kann. Ich wollte die kostbare Thematik nur an diejenigen Menschen weitergeben, die sich ernsthaft damit beschäftigen und den Wert zu schätzen wissen.

Viele meiner Freunde und Seminarteilnehmer waren skeptisch bis sicher, daß es sich nicht verkaufen lassen würde; denn ich hatte einen Preis angesetzt, der normalerweise nicht für ein Buch gezahlt wird.

Da ich mir selbst schöne Dinge leiste, auch wenn sie Geld kosten, konnte ich daran glauben, daß auch andere Menschen Freude an diesem Werk haben würden. Und so war es denn auch; denn ich erhielt später die lobenswertesten Leserbriefe, die ich je erhalten habe.

Viele Bücher waren bereits bestellt, bevor die erste Zeile gedruckt war, und das bedeutete: mein Risiko war bereits keines mehr.

Zum Herbst wurde ich mit den Vorbereitungsarbeiten an meinem neuen Langzeit-Seminar-Programm fertig. Es sollte alle acht Themen beinhalten, die ich bei meinen Interviews mit den Prominenten herausgefunden hatte. Außerdem sollte es acht Monate dauern, so daß die Teilnehmer es Stück für Stück in die Praxis umsetzen konnten. Jeden Monat sollte ein Seminar über einen halben Tag stattfinden, und darauf sollten sich die Teilnehmer jeweils mit 25 Seiten Schriftmaterial und einer Tonband-Kassette vorbereiten.

Das erste Mal in unserer »Firmengeschichte« hatten wir dafür Verkäufer eingesetzt; denn ich hatte nun ernsthaft mit dem Seminar zu tun, da es in ganz Deutschland anlaufen sollte. Es war ein Teilnehmerehepaar, das eine neue Aufgabe suchte, und so begannen wir, gemeinsam neue Erfahrungen zu sammeln.

Die Zusammenarbeit war neu für mich; denn bisher war ich Einzelkämpfer und kein Mensch, der anderen gern sagt, was sie zu tun oder zu lassen haben. Also gab es für mich nur eines: unsere Mitarbeiter mußten selbständig und selbstverantwortlich sein. Und damit wir das gleich von Be-

ginn an praktizierten, taten wir einmal wieder, was allen anderen die Haare zu Berge stehen ließ:
Wir ließen die beiden allein und flogen diesmal für zwei Monate nach Neuseeland – wir machten einen Teil unseres Traumes wahr.

Da wir mit dem Wohnmobil unterwegs waren, riefen wir nur ein- oder zweimal an und sprachen übers Wetter, aber nicht übers Geschäft. Als wir zurückkamen, waren 35 Programme verkauft. Viele unserer alten Teilnehmer hatten Vertrauen in uns und entschlossen sich kurzfristig. Außerdem hatte unser Verkäuferehepaar auch gute Kontakte, und so war es ein Traumstart. Viele dieser ersten Teilnehmer sollten uns noch jahrelang begleiten und eines Tages sogar zu den weiterführenden Seminaren nach Neuseeland kommen.

„Ich bin in liebevoller, demütiger Dankbarkeit, daß Du immer stärker durch mich wirkst", war meine wichtigste innere Einstellung geworden. Und ich spürte auch immer stärker, daß ich geführt werde, was mir eine wunderbare innere Sicherheit gab, die mein Sternchen schon lange hatte.

Ich spürte, daß die Zukunft bringen konnte, was sie wolle, ich würde damit irgendwie fertigwerden.

Was kann ich aus diesem Kapitel lernen und erkennen und für mein Leben in Erfolg UND Erfüllung umsetzen?

Thomas Pelz und Birgit Ebert,
Kooperations-Partner der Confiserie Lauenstein:

„Ich bin von mir begeistert!"

DAS SCHRECKLICHE AM LEBEN IST, DASS DIE NÄCHSTE MINUTE BEREITS ALLES VERÄNDERN KANN.
DAS SCHÖNE AM LEBEN IST, DASS DIE NÄCHSTE MINUTE BEREITS ALLES VERÄNDERN KANN.
DAS INTERESSANTE AM LEBEN IST, DASS MAN NICHT WEISS, WAS DIE NÄCHSTE MINUTE BRINGEN WIRD.

Als mir diese Sätze in den Sinn kamen, dauerte es nur noch wenige Tage, bis ich genau das erlebte.

Manchmal überlege ich mir, ob es sich bei solchen Dingen um Vorahnung handelt oder ob ich die Dinge mit meinen Gedanken einleite. Natürlich kann auch ich keine Antwort darauf finden; denn es ist eine Frage, die nicht beantwortet werden kann.

Buddha sagt:
Erst, wenn Du aufhörst zu meinen, Du könntest etwas ändern, und annimmst, was geschieht, kannst Du erleuchtet werden.

Allerdings verführt dies sehr leicht dazu, ebenso wie der Glaube an die Wiedergeburt, alles nur noch hinzunehmen. Besonders dann, wenn wir noch nicht die entsprechende Reife dazu haben, dies richtig einzuordnen und deshalb auch noch nicht bereit sind, stets unser Bestes zu geben. Deshalb wurde dieses Wissen früher zu Recht nur als Geheimwissen weitergegeben; denn sonst wäre vielleicht die gesamte technische Entwicklung auf diesem Planeten nicht möglich gewesen. Wir hätten alles als gottgewollt akzeptiert und nichts Wesentliches geändert.

Aus diesem Grund stimme ich zwar innerlich mit Buddha überein, aber dennoch handele ich so, als wäre das Gegenteil richtig. Ich möchte nicht die Verantwortung übernehmen, Gedanken zuzulassen, die ich ebensogut hätte »rauswerfen« können.

Wie ist es möglich, aus dem »schrecklichen« Zustand einen »schönen« Zustand zu machen und somit das Leben als interessant zu empfinden?

Buddha scheint das Problem damit gelöst zu haben, daß er die Ziellosigkeit als Antwort sieht. Kein Ziel, kein Vorstellungsbild von dem, was sein soll, und schon kann alles, was kommt, als willkommen, als richtig und wichtig eingestuft werden. Solange wir Ziele und Wünsche haben, solange wird alles, was nicht zur Zielerreichung dient oder nicht mit der Wunscherfüllung übereinstimmt, als zumindest unangenehm oder sogar »schrecklich« eingestuft werden.

Glückseligkeit ist im Nichts zu finden, da das Nichts natürlich auch nicht im Widerspruch zu dem sein kann, was kommt –

einleuchtend oder sogar schon erleuchtend?

Also ein Beispiel: Wenn ich das Bild habe, daß eine Ehe nur glücklich ist, wenn man stets miteinander in Harmonie ist, und die Realität zeigt, daß es Streit gibt, so ist das »schrecklich«.

Hat man kein Bild, wie eine glückliche Ehe zu sein hat, kann alles, was kommt, als interessant oder sogar schön eingestuft werden. Je mehr wir uns also vorstellen, wie die Welt zu sein hat, um für uns schön zu sein, um so »schrecklicher« empfinden wir sie, wenn sie anders ist.

Mein Lieblingsbeispiel ist die Vorstellung, daß ein UFO

auf dem Petersplatz landet. Ein grünes Männchen steigt aus und kann glaubhaft nachweisen, die Wiedergeburt von Jesus Christus zu sein.
Sie werfen das Buch in die Ecke?
Sie sind empört über den Stielau-Pallas?
Sie lachen über das Beispiel?
All das hat nichts mit dem Beispiel und nichts mit Stielau-Pallas zu tun, sondern nur mit Ihrer eigenen Überzeugung, was richtig und falsch ist, wie das Leben zu sein hat und wie nicht, was sein darf und was nicht sein darf.

> Je enger unser Horizont ist,
> um so schrecklicher ist das Leben!

Das Leben wird so sein, wie es ist, und es werden immer Dinge auf uns zukommen, die wir nicht eingeplant haben und die wir nicht für richtig halten – ja, sogar Dinge, die eigentlich nicht sein dürften.

Und je enger unser Horizont ist, um so öfter wird es Dinge geben, die eigentlich nicht sein dürften. Können Sie sich noch erinnern, wie kompliziert die Berechnung der Astronomen waren, als sich die Erde noch nicht um die Sonne drehen durfte und sich die Sonne um die Erde zu drehen hatte? Heute versteht jedes Schulkind die Tatsache, daß sich die Erde einmal pro Jahr um die Sonne dreht, und kann sich ein klares Bild davon machen.

Vielleicht stehen wir wirklich kurz davor, Kontakt mit einer anderen Rasse von einem fernen Planeten aufzunehmen, und »E. T.«, »Die unheimliche Begegnung der dritten Art«, »Alf« usw. waren nur Horizonterweiterungsfilme, damit wir nicht ganz ausflippen.

Vielleicht sind »Aids«, »Rauschgift« und die hohe Selbstmordquote nur Erscheinungen in unserer heutigen Welt, um alte Tabus aufzuheben, damit wir unseren Horizont erweitern, damit wir lernen, über alles offen zu sprechen? Hätten Sie etwa noch 1985 gedacht, daß man in Kürze ganz offen über Kondome sprechen und Werbung machen kann, und das sogar mit Steuergeldern?

Vielleicht tragen alle unerwünschten Situationen auf diesem Planeten dazu bei, daß wir unseren Horizont erweitern und lernen, daß die kleinen Alltäglichkeiten nicht zum Ärgern, sondern zum Erfreuen da sind?

Ich sage nicht: „Nehmen Sie alles hin!"

Ich sage nur: „Je mehr wir für möglich halten, um so einfacher können wir das »Unmögliche« einordnen und damit leben."

Für manche ist eine Scheidung etwas Schreckliches. Aber nicht, weil man sich vom Partner trennt, sondern weil man es vorher nicht für möglich gehalten hat!

Für manche ist eine Firmenpleite etwas Schreckliches, aber nicht wegen der vorübergehenden finanziellen Situation, sondern weil man es nicht für möglich gehalten hat.

Für manche ist sogar eine Kündigung etwas Schreckliches, aber nicht, weil man sich nach etwas Neuem umsehen muß, sondern weil man es nicht für möglich gehalten hat, daß einem so etwas passieren kann.

Je enger unser Horizont ist, um so schrecklicher erleben wir die Dinge, die es in unserer kleinen Weltanschauung nicht gab.

Hier in Neuseeland gibt es Menschen, wie früher in Deutschland auch, die ihren Heimatort noch nie weiter als 50 km verlassen haben. Können Sie sich vorstellen, wie eng der Horizont dieser Menschen ist?!

Nur für die Besten: Erfolg und Erfüllung

Für viele Eltern bricht nach wie vor das Weltbild zusammen, wenn ihre Tochter oder ihr Sohn in einer Verkaufsorganisation im Monat 25 000 Mark verdient.
„Das kann doch nicht sein!"
„Da muß doch was »foul« sein!"
Das Programm der Eltern läßt es also nicht einmal zu, sich mit den Kindern zu freuen, obwohl sie »doch nur das Beste für sie wollen«.
Natürlich brauchen wir unsere Haltepunkte, unser Weltbild. Aber, wenn etwas nicht in unser Weltbild paßt, dann muß dies nicht heißen, daß es so etwas nicht geben kann.
Ohne unser uns höherführendes Selbst sind wir nun einmal nur Computer, die erst einmal umprogrammiert werden müssen, bevor sie neue Informationen aufnehmen können. Was nicht ins Programm paßt, wird einfach nicht wahrgenommen.
Das kann nicht sein,
das hat nicht zu sein,
dann hätte ich ja bisher unrecht gehabt...
Kommt Ihnen bekannt vor?
Auch Alfred R. Stielau-Pallas ist ohne sein höherführendes Selbst nur ein Computer, aber er macht sich nichts mehr daraus, erinnern Sie sich?
Was müssen wir tun, um das Leben, das sich jede Minute total verändern kann, als interessant zu bezeichnen?
1. So offen wie möglich sein,
2. so fähig wie möglich sein,
3. so demütig wie möglich sein und
4. eine Aufgabe haben, die uns fordert und damit auch fördert.
Offen zu sein, heißt nicht, sich von allem ablenken zu lassen

oder heute von dem und morgen von dem begeistert zu sein.
Offen zu sein heißt: keine »unumstößliche« Weltanschauung aufzubauen, in der nur ganz bestimmte Ereignisse Platz haben.
Das ist also nicht das Gegenteil von Zielsetzung, sondern dient der Zielsetzung, um auch andere Lösungsmöglichkeiten zuzulassen.
Solange Sie als Katholik Schwierigkeiten mit dem UFO auf dem Petersplatz hätten oder als Sowjetbürger und Parteianhänger mit der Vorstellung, ab morgen Inhaber eines Supermarktes zu sein oder als Mediziner nach acht Jahren Studium zu begreifen, daß Sie keinen Arbeitsplatz haben, werden Sie mit »schrecklichen« Dingen rechnen müssen.
Ein erfolgreicher Chefarzt mit DM 350 000 Jahreseinkommen wanderte aus, um sich mit eigenen Händen eine Schule zu bauen und Lehrer zu werden. Es erfüllt ihn, und er ist glücklich, aber alle halten ihn für verrückt.
Stellen Sie sich vor, ein Kollege von ihm wäre entlassen und mit der gleichen Aufgabe in die Strafgefangenschaft geschickt worden.
Merken Sie, wo der Unterschied liegt?
So funktionieren wir nun einmal, warum sollten wir das nicht endlich begreifen?!
Das »Schrecklichste«, was mir passieren könnte, wäre zu meinen, das Bild, das andere von mir haben, erfüllen zu müssen und somit deren Leben zu leben.
Das Schönste, was mir passiert, ist, daß ich ich selbst bleiben darf und mein Leben leben darf, ohne zu meinen, daß ich das Bild, das andere von mir haben, erfüllen muß.
Das Interessante in meinem Leben ist, daß ich mir die

Freiheit nehme, das zu tun, was ich für richtig halte, auch wenn andere davon völlig schockiert sind. Möchten Sie für sich selbst jetzt auch eine klare Entscheidung treffen?

Falls Sie es noch nicht wissen, dann fragen Sie einfach Ihre Intuition.

Was kann ich aus diesem Kapitel lernen und erkennen und für mein Leben in Erfolg UND Erfüllung umsetzen?

Rosemarie und Manfred Reyer, Friseur in Stuttgart:

„Keiner braucht zu verlieren, damit wir gewinnen."

CHRONIK 1983

Unsere Neuseelandreise war ein Traum. Erstens war ich dankbar und stolz, daß ich meiner Familie eine Reise ans andere Ende der Welt ermöglichen konnte, und außerdem hatte ich das Gefühl, daß ich meiner Frau endlich etwas zurückgeben konnte; denn schließlich hatte sie mich in meiner schlechtesten Zeit über die Runden gebracht.

Über achttausend Kilometer waren wir gefahren und haben soviel vom Land gesehen wie die meisten Neuseeländer nicht. Aber dafür waren wir noch nie auf der Zugspitze gewesen. Das sollten wir uns erst ermöglichen, wenn wir schon nicht mehr in Deutschland wohnten ...

Zwei Sätze wurden hier für uns zur stündlichen Meditation (auch beim Autofahren):

Während ich Liebe und guten Willen auf alle anderen ausstrahle, öffne ich mir den Zustrom der kosmischen Liebe. Diese allumfassende Macht zieht nun alles Gute zu mir, und dafür bin ich dankbar!

Wir erlebten ein »Wunder« nach dem anderen. Es war, als würden wir von einem geistigen Führer geleitet. Als wir ankamen und in unserer Naivität ein Wohnmobil mieten wollten, war (weil Hauptsaison) alles ausgebucht. Aber plötzlich sagte Barry, der Teilhaber von Maui-Campa-Vans: „You shot me."

Wir sollten in drei Tagen wiederkommen, dann würde er ein nagelneues Wohnmobil bekommen, das er uns geben würde. Er wisse zwar nicht, warum ausgerechnet uns, da bereits viele auf der Warteliste stünden ...

Nach unserer ersten Nacht im Wohnmobil fuhren wir in

eine Gegend, die nicht von Maui als touristisch interessant erwähnt wurde. Die Straße führte uns mitten in den Busch, und das bedeutete auch, keine geteerten Straßen mehr, sondern viel Staub.

Nach sehr viel Staub kamen wir dann über eine Serpentinenstrecke auf einen Berg. Ein traumhafter Blick: Das Meer, viele kleine Inselchen und eine Halbinsel mit Pinien bewachsen und scheinbar endlosem breiten Strand. Das blaue Meer, die weiße Brandung, der gelbe Strand, die grünen Pinien und die typischen Neuseelandwolken.

In Tairua fragten wir in einem Geschäft, wie man auf diese Halbinsel kommt.

„You want to go there? There are the bloody Richs!" Ja, wir wollten einmal sehen, wie die blöden Reichen so wohnen.

Breite vierspurige Straßen mit bepflanzten Grünstreifen in der Mitte, keine Telegrafenmasten, und alles neue Häuser, sauber und aufgeräumt, aber kein Mensch zu sehen. Die Straßen leer, die Vorhänge der Häuser zugezogen, der Strand leer. Uns kam das recht merkwürdig vor, und so verließen wir dieses Stückchen Paradies wieder, um uns ganz Neuseeland anzusehen. „To the South-Island?"

Mitten in der Saison mußte die Fähre auf die Südinsel Wochen vorher gebucht sein, und wir hatten gedacht: hinfahren und rüber!

Nachdem wir den Mt. Egmont am frühen Morgen mit einem Regenbogen als Mütze fotografieren durften, obwohl es seit Tagen hier regnete und er absolut nicht zu sehen gewesen war, spürten wir auch, daß es mit der Fähre klappen würde. Am selben Tag erhielten wir noch einen Platz und erlebten dann Natur pur.

Nur für die Besten: Erfolg UND Erfüllung

Jeder Tag war ein unvergeßliches Erlebnis. Wir hatten viel Zeit, und so kam auch Alexander auf seine Kosten; denn in jedem Ort mit mehr als fünf Häusern gab es auch einen Spielplatz und überall die langen Strände. Nicht selten hatte er eine 30 Kilometer lange Sandkiste ganz für sich allein.

Neuseeland war nicht nur schön, sondern auch nötig gewesen; denn uns stand ein arbeitsreiches Jahr bevor. Die Seminare begannen, und zwar gleichzeitig in mehreren Städten.

Unser Ziel war es, in allen Bundesgebieten einen Seminarleiter zu haben, der dann selbständig das Programm in Lizenz durchführt.

Aber wir sollten zuerst noch viele Erfahrungen sammeln, bevor wir diesem Ziel näher kamen. Und so mußte ich erst lernen, meine Intuition, die mich zwar fast automatisch Bücher schreiben ließ, auch für meine geschäftliche Entwicklung besser zu verstehen.

Was kann ich aus diesem Kapitel lernen und erkennen und für mein Leben in Erfolg UND Erfüllung umsetzen?

Elfi und Elmar Roth, 3062 Bückeburg:

„Ich bin in liebevoller, demütiger Dankbarkeit."

Nur für die Besten: Erfolg UND Erfüllung

DIE GEZINKTE INTUITION

Ich kenne mehr Menschen, die mit »Positivem Denken« pleite gegangen sind, als Menschen, die es damit zum Millionär gebracht haben!
 Es hatte schon seinen guten Grund, warum »esoterisches« Wissen oder Geheimwissen um die inneren Kräfte des Menschen bisher stets geheimgehalten wurde. Vielen Menschen würde auch heute so manche Enttäuschung erspart bleiben, wenn sie ihre Finger davon lassen würden. Aber schließlich sind wir hier auf diesem Planeten, um zu lernen, und auch zu lernen, wie es nicht geht.
 Stefan ist seit Jahren in der Finanzbranche und hat mtl. ein Einkommen von 10 000 bis 25 000 Mark. Auch Uli war in der Finanzbranche und verdiente ebensoviel. Natürlich ist es heute überhaupt keine Schwierigkeit, bei diesem Einkommen 750 000 Mark zu finanzieren, um sich ein Traumhaus zu leisten. Schließlich kann man einiges davon absetzen, und 7000 Mark im Schnitt sind leicht drin, um die Finanzierung auch zu tragen. Das Ziel steht fest und ist natürlich motivierend. Im Alter von 27 Jahren ein Haus wie ein Millionär und in der Garage der 7er: „Das isses!"
 Als ich mit ihnen darüber sprach, wie sie ihr Ziel unter dem Blickpunkt »realistisch und erreichbar« einstufen würden, bekam ich zig gutaussehende Gründe, warum das überhaupt kein Problem ist. Ich fragte sie: „Was kann Ihnen schlimmstenfalls passieren, wenn Sie es wieder abhaken und erst einmal ein Haus mieten?"
 Nun, die Antwort war: „Man wird in der Finanzbranche sagen, daß ich es nicht geschafft habe."

„Können Sie damit leben?" war meine nächste Frage. Die Herren konnten, bei den Damen kullerten die Tränen.

Ihre »Intuition« hatte ihnen alle möglichen Hinweise und Zeichen gegeben, daß dies die richtige Entscheidung war. Das Grundstück ist ein Traum, das letzte in seiner Art, das überhaupt noch auf diesem Planeten zu haben ist, und überhaupt . . .

Auch Wolfgang hatte sich sein Traumhaus gekauft, mit Pool und Sicht auf Leonberg und Stuttgart. Kein Problem, es zu finanzieren, wenn er sich nur vorher bewußtgemacht hätte, daß es auch laufende Kosten gibt.

Wir hören, was wir hören wollen, wir sehen, was wir sehen wollen, und so hat die Intuition überhaupt keine Chance, uns zu sagen, was sie uns sagen will; denn wir nehmen nur das wahr, was zu unserem Ziel paßt.

Norbert wollte noch mehr Geld machen und nahm 600 000 Mark Kredit, um ins Warentermingeschäft einzusteigen. Ganz groß, todsicher, und beim Nachschieben, um den Verlust wiedergutzumachen, waren dann über eine Million im Eimer . . .

Bevor Sie nicht in der Lage sind, einmal 100 000 auf Ihr Konto zu bringen, sollten Sie sich nicht von Ihrer »Intuition« bestätigen lassen, daß Sie es nun in kurzer Zeit schaffen werden, es zu einer Million zu bringen.

Unser Computer ist offensichtlich so programmiert, daß er einem, der uns eine Million ohne Arbeit verspricht, mehr glaubt als einem, der uns sagt: „Ohne Arbeit geht gar nichts!"

Pallas ist unpopulär, aber Pallas funktioniert. Warentermin ist populär, aber funktioniert nicht unbedingt.

Ich bin immer wieder erstaunt, daß Bücher, die dieselbe

Nur für die Besten: Erfolg und Erfüllung

Botschaft vermitteln, allerdings durch Außerirdische, Medien, Geistwesen, populärer sind als Bücher, die von ganz normalen Menschen geschrieben werden, die selbst durch Lebenserfahrungen gegangen sind und bewiesen haben, wie es funktioniert.

Manchmal reizt es mich direkt, ein Buch selben Inhalts zu schreiben und die »Botschaft« einem Wesen aus einer anderen Dimension zuzuschreiben. Ich bin sicher, es würde sich 100mal besser verkaufen. Aber wissen Sie, warum es dann nicht mehr funktionieren würde?

Weil diejenigen Menschen, die solche Bücher kaufen, nicht unbedingt scharf darauf sind zu hören, daß sie nach wie vor arbeiten müssen!

Deshalb wende ich mich lieber gleich an Sie und gehe davon aus, daß Sie mit beiden Beinen auf der Erde stehen und bereit sind, Ihren Preis zu zahlen, der für ein traumhaftes Leben in märchenhafter Freiheit nun einmal bezahlt werden muß: nämlich mehr als 40 Std. Arbeit pro Woche!

Aber nicht 40 Stunden Arbeit bringt den Erfolg, sondern die Fähigkeit, nur **die** Arbeit zu tun, die den Erfolg bringt, und den Rest zu vergessen oder anderen zu überlassen. Wer 40 Stunden pro Woche arbeitet, hat keine Zeit mehr, Geld zu verdienen!

Es geht nicht um Arbeit, nicht um Leistung, sondern einfach um das Erzielen von Ergebnissen. Und wer 25 000 im Monat verdient, aber kein Geld auf dem Konto hat, der macht irgend etwas falsch!

Und wer sich danach richtet, was andere von ihm erwarten, oder sogar danach richtet, was er meint, was andere von ihm erwarten, der macht das Wesentlichste falsch, der lebt nämlich nicht sein Leben, sondern das Leben anderer!

Was wollen Sie – einen guten Eindruck machen oder Erfolg und Erfüllung?
Nur für die Besten ist der Weg dazu offen. Und dazu gehört an erster Stelle, der Beste darin zu sein, sein eigenes Leben leben zu können.
Wenn Sie der beste Verkäufer sind und dennoch das Leben der anderen leben, dann gehören Sie noch nicht zu den Besten, dann sind Sie Durchschnitt!
Ist das Haus, das Sie haben wollen, wirklich Ihr Haus, oder haben die Bank und Ihre Freunde mehr Anteil an dieser Entscheidung?
Oh, ich weiß,
Sie brauchen dieses Haus für Ihr Image und Ihre Kunden,
Sie brauchen dieses Haus, um sich im Wohlstand zu fühlen,
Sie brauchen dieses Haus, um sich zu motivieren, und
Sie brauchen dieses Haus natürlich, um sich zu den Besten zu zählen.
Sie sind aber nicht der Beste aufgrund Ihres Hauses, sondern aufgrund der Fähigkeit, das zu tun, was zu Ihnen paßt, womit Sie sich wohl fühlen.
Intuition funktioniert überhaupt nicht, wenn Sie selbst nicht wissen, was Sie wollen, und Intuition funktioniert nicht richtig, wenn Sie sich bereits festgelegt haben und Ihr Ego seine Hand im Spiel hat.
Die Stimme unserer Intuition geht nämlich den Weg übers Unterbewußtsein, und wenn das Ego seine feste Vorstellung hat von dem, was sein soll, dann wird die Stimme der Intuition gezinkt, gefälscht, gefärbt und so ausgelegt, daß sie uns genau das sagt, was wir für unsere Zielerreichung haben wollen.
Solange unser Ego auf seinem Drive ist und wir unseren

Spaß an die erste Stelle stellen, müssen wir damit leben, daß wir mit dem Leben unsere Überraschungen erleben.

Verstehen Sie nun, warum ich mich nicht als perfekten Guru vorzeigen und herumreichen lasse?

Wenn ich merke, daß andere mich zum Vorzeigen brauchen, um zu beweisen, daß sie den »Besten« haben, dann ziehe ich mich lieber erst einmal zurück.

Warum muß Pallas ein bekannter Autor für Sie sein? Warum ist es wichtig für Sie, daß andere auch den Pallas kennen?

Mal ehrlich – doch nur als Bestätigung für Sie, daß Sie mit seinen Büchern nicht ganz falsch liegen, oder?!

Ich habe immer dann die größten Fortschritte auf meinem Weg gemacht, wenn ich den Mut aufgebracht habe, das Gegenteil von dem zu tun, was »man« von mir erwartet hat.

Pallas wird auch Sie enttäuschen; denn er ist nicht so, wie Sie ihn sich gemacht haben. Er ist anders!

Er ist nicht der liebe, nette Typ, der dafür ist, daß sich alle umarmen und Friedenslieder singen in der Hoffnung, daß damit der Planet gerettet werden kann.

Er ist auch nicht derjenige, der sich darüber freut, wenn man ihn direkt kopiert und ihm freudestrahlend mitteilt: „Ich gebe jetzt selbst Seminare, um auch dazu beizutragen, Ihre Thematik weiterzutragen." Und er ist auch nicht begeistert, wenn andere seine Sprüche und Beispiele übernehmen und sich wenig um Copyright kümmern oder sogar seine Kassetten kopieren und ihren Namen als Copyright darunterschreiben.

Und er ist auch nicht derjenige, der sich ausnutzen läßt und überall heiliglächelnd zuschaut, nur weil das einige von ihm erwarten, die keine Skrupel haben, ohne selbst die Vorarbeit geleistet zu haben, die Früchte zu ernten.

Und Pallas erwartet vor allen Dingen nicht von seinen Lesern, daß sie sich so oder ähnlich verhalten sollen, mit der Hoffnungsmache, daß ihnen dies der »Liebe Gott« schon irgendwie vergelten würde.

Wissen Sie, was die Absicht der Intuition ist?
Diese Schöpfung voranzutreiben und die Weiterentwicklung aller Menschen auf diesem Planeten zu gewährleisten!

Und wer es auf Erfolg UND Erfüllung abgesehen hat, der kommt mit Kopieren nicht weiter, wenn er nicht selbst in der Lage ist, seinen eigenen Beitrag zu leisten, der Menschheit irgend etwas von ihm selbst zu geben, was der Menschheit dienlich ist.

Und der Preis, der dafür gezahlt werden muß, ist an erster Stelle Offenheit!

Die Offenheit, sich selbst einzubringen in dieses Spiel.

Die Offenheit, das Risiko einzugehen, verlacht und kritisiert zu werden.

Die Offenheit, alles aufs Spiel zu setzen und auch einmal zu verlieren – nicht nur Geld, sondern auch das Verständnis der anderen.

Die Offenheit, klar und deutlich zu sagen, wo man steht und wo man nicht steht, anstatt sich immer dort hinzustellen, wo man den Profit erwartet.

Mit diesen Zeilen risikiere ich, daß einige Leser das Buch nicht besonders positiv empfehlen.

Aber ich weiß auch, daß ich einigen aus dem Herzen spreche oder schreibe und sie froh sind, daß ich ihnen endlich die selbstauferlegte Bürde nehme, stets ein perfektes Bild von sich abgeben zu müssen.

Nur für die Besten: Erfolg UND Erfüllung

Solange wir uns selbst belügen, können wir von unserer Intuition nicht erwarten, daß wir sie in ihrer reinsten Form empfangen. Und wenn Sie einmal auf dem Ego-Trip sind, dann genießen Sie ihn. Haben Sie den Mut, dazu zu stehen.

Ich kann mich erinnern, daß ich während meines Vortrages im Herbst 87 in München ein traumhaftes Ego-Feeling hatte. Für mich war es in dieser Situation wichtig und für die Hörer auch; denn es gab mir Energie, und ich habe meine Späße nicht auf Kosten anderer gemacht, sondern über mich selbst.

Lassen Sie sich von Ihrer »Intuition« nicht einreden, was Sie alles brauchen, um endlich den großen Erfolg haben zu können; denn Sie brauchen nichts weiter als die Ehrlichkeit zu sich selbst.

Wir fühlten uns schon genauso erfolgreich, als wir noch jede Woche von Laufen nach Salzburg fuhren, bei Eduscho eine Tasse Kaffee im Stehen tranken und uns von McDonald eine Tüte Pommes holten, um damit in der Getreidegasse spazierenzugehen. Die meisten Menschen neben uns, Japaner und Amerikaner, hatten schließlich Monate oder Jahre davon geträumt, einmal in Salzburg zu sein.
Wir hatten das zweimal die Woche . . . !

Fragen Sie sich, ob Ihr Ziel wirklich das ist, was dazu beiträgt, daß Sie Ihr Bestes geben, der Beste sein können und an das Beste glauben können. Wenn es nur dazu beiträgt, daß Sie den Eindruck machen, als wären Sie der Beste, dann fragen Sie lieber noch einmal sich selbst, bevor Sie Ihre Intuition bemühen; denn Sie werden immer eine Bestätigung für das finden, was Ihr Ego für richtig hält.

Wenn Ihnen dieses Kapitel nicht gefallen hat, dann können Sie gewiß sein, daß es besonders wichtig für Sie ist.

Natürlich können Sie das Buch jetzt wieder in die Ecke werfen, es verschenken und den Pallas verfluchen.

Es könnte aber auch sein, daß Sie es ihm zu verdanken haben, daß er Sie gerade noch einmal rechtzeitig wach gemacht hat, bevor Sie sich für ein Ziel entscheiden, das Ihrem Ego zwar viel Freude, aber Ihrem Konto dafür viele rote Zahlen und Ihnen damit viele schlaflose Nächte bringen würde.

NUR FÜR DIE BESTEN: ERFOLG UND ERFÜLLUNG

Was kann ich aus diesem Kapitel lernen und erkennen und für mein Leben in Erfolg UND Erfüllung umsetzen?

Holger Seidel, 8221 Grabenstätt/Chiemsee:

„Und siehe, es war gut!"

ALFRED R. STIELAU-PALLAS

CHRONIK 1984

Jetzt hatte ich es wohl begriffen, wie ich direkt mit meiner Intuition kommunizieren kann. Mein Unterbewußtsein schien ebenfalls begriffen zu haben, daß mir nun Erfolg zusteht. Ich schrieb mein viertes Buch: »Pauanui – eine Geschichte aus Neuseeland«.

Aber dazu muß ich wohl besser im Januar des Jahres anfangen. Wir waren bereits wieder in Neuseeland, und ich hatte mir fest vorgenommen, daß ich entweder ein Grundstück kaufen oder meinen nächsten Urlaub woanders verbringen werde.

Aber ich spürte irgendwie, daß ich in Neuseeland noch einige Bücher schreiben sollte, und so stattete ich mir ein Hymermobil als fahrendes Büro aus.

Während ich noch am Überlegen war, sorgte meine Frau bereits dafür – sie kann bis heute noch die schnelleren Entscheidungen treffen – das Fahrzeug per Schiff ans andere Ende der Welt zu bringen. Und so wurde der Grundstein für mein erstes Buch in und aus Neuseeland gelegt.

Wir machten nochmals über 1000 Dias und suchten die 24 schönsten Aufnahmen aus, um sie für dieses Buch als Begleitfotos für den Text zu verwenden. Es war ein ganz neuer Stil, den ich da aus mir hervorbrachte. Es sollte gleichzeitig ein Geschenk an meine Frau für die Geburt unseres Sohnes sowie ein Lebensleitfaden für unseren Sohn sein.

Nach wie vor erhalte ich Leserbriefe von Menschen, die tief davon beeindruckt sind, die größten Lebensweisheiten auf so wenigen Seiten erfahren zu können.

Nach wiederum zwei Monaten Aufenthalt entschlossen

Nur für die Besten: Erfolg und Erfüllung

wir uns vier Tage vor dem Abflug, noch einmal zu der »Geisterstadt-Halbinsel« zu fahren. Diesmal war sie voller Leben, und wir erfuhren auch des Rätsels Lösung. Pauanui ist ein Ferienort für die »reichen« Neuseeländer, und die benutzen ihre Ferienhäuser fast nur zwischen dem 25. Dezember und Ende Januar, also im Hochsommer.

Inzwischen waren einige zusätzliche Grundstücke erschlossen worden und zum Verkauf angeboten. An den letzten vier Urlaubstagen hat man normalerweise nicht mehr das Geld für ein Grundstück in der Tasche, aber 20 % Anzahlung reichten, und die bekamen wir per Eurocard innerhalb von 24 Stunden aus Deutschland. Wieder war es mein Sternchen, die eine schnelle Entscheidung treffen konnte; denn es war das letzte Grundstück in der ersten Reihe zum Wasser des Pazifischen Ozeans auf der Lagunenseite mit zusätzlichem Blick auf die dahinterliegenden Berge. Es sah aus wie Bayern in der Südsee.

Die Zeit reichte gerade noch aus, um wenigstens einmal vom »eigenen« Grundstück aus zum Windsurfen zu gehen.

Wieder war ein arbeitsreiches aber auch sehr erfolgreiches Jahr angesagt. Inzwischen hielt ich bereits Vorträge vor mehreren hundert Hörern, gab für Firmen Seminare, die ich mit 5000 Mark pro Tag honoriert bekam, und führte Seminare in Kairo, an der Algarve und auf den Urlaubsinseln im Mittelmeer durch.

Pallas war in erster Linie in den Verkaufsorganisationen zu einem Begriff geworden; denn die wußten zu schätzen, daß ich die Mitarbeiter nicht nur motivierte, sondern ihnen auch praktisch aufzeigen konnte, wie sie ihren erwünschten Erfolg erzielen konnten.

Und außerdem konnte ich aufzeigen, wie man aus minus

fünfzigtausend Mark plus fünfzigtausend Mark machen kann, und zwar unabhängig von der jeweiligen Tätigkeit.

Kaum, daß ich unter den Erfolgsorientierten ein wenig bekannter wurde, erhielten wir auch von allen Seiten Angebote, mit uns zusammenarbeiten zu wollen. Die meisten dieser Angebote liefen darauf hinaus, daß andere mit unseren Kunden ihre Geschäfte machen wollten. Sie wollten »im Sinne der Thematik« unseren Kunden alle möglichen Seminare verkaufen. Angefangen von Pallas-Kopien bis hin zu Astrologie- und Kräuterkursen. Aber keiner war bereit, sich einen eigenen Kundenstamm aufzubauen, von dem auch wir gern profitiert hätten.

Ich konnte an der anschließenden Kritik dieser Leute messen, daß ich meine dritte Entwicklungsstufe hinter mir gelassen hatte und mich bereits am Übergang von der vierten zur fünften befand.

Dafür war wohl in erster Linie Paramahansa Yogananda verantwortlich, dessen 88 Lehrbriefe ich bereits 1981/82 durchgearbeitet hatte. Außerdem hatte ich 1982 in Amerika einige Seminare besucht, die mir eine neue Welt eröffneten.

Ich war mir inzwischen meiner inneren Führung bewußt und wollte in allem, was ich tat, nur noch in Einklang mit meiner Intuition sein.

Ich brauchte dafür weder eine besondere Kutte noch einen bestimmten Glauben. Ich begann lediglich, stärker an mich selbst oder, besser ausgedrückt, an mein wahres Selbst zu glauben. Und sobald man beginnt, nur noch das zu tun, für das man ein inneres Okay bekommt, wird es nicht mehr ganz leicht, anderen eine logische Erklärung für gewisse Entscheidungen abzugeben.

Selbstverwirklichung kann nur vom Selbst kommen und

nicht von anderen. Das ist ein Weg, von dem Jesus sagte, daß er ganz schmal ist. Er ist so schmal, daß ihn jeder nur ganz allein gehen kann. Und ich spürte, daß ich ihn sogar ohne mein Sternchen gehen mußte; denn sie war ihn bereits gegangen. Und das war es auch, was ich an ihr bewunderte. Dieser knallharte gerade Weg, ohne je nach links oder rechts zu sehen. Diese kompromißlose Aufrichtigkeit, völlig gelöst von jedem Profitdenken und dennoch erfolgsorientierter als ich.

Hunderte von Vorurteilen mußte ich fallenlassen, die ich mir in bezug auf »die Reichen« aufgebaut hatte. Und vielleicht habe ich das gesamte Spielregel-Programm nur schreiben müssen, um es selbst zu begreifen . . .

„Das kann man doch nicht machen!"

„Oh doch, du kannst, und wenn du früher dies nicht so sehr an anderen kritisiert hättest, wäre es überhaupt kein Problem für dich!" antwortete die innere Stimme. Udo Jürgens fiel mir ein. Ich hatte einmal als 20jähriger für eine Hotelzeitschrift Fotos gemacht und wollte Udo an der Bar fotografieren.

„Fragen Sie meinen Manager!"

„So was Arrogantes!" dachte ich.

Ich ahnte damals noch nicht, daß ich eines Tages eine ähnliche Antwort geben würde . . .

Ich erfuhr, daß alles, was ich je kritisiert hatte, mit umgekehrten Vorzeichen in meinem Leben geschah, um möglichst frei von Vorurteilen und negativen Emotionen werden zu können.

Wir lebten nach wie vor nicht auf großem Fuß, und da ich geschäftlich viel Zeit in Hotels verbrachte, wollte ich es ansonsten gern einfach haben. Das hatte den Vorteil, daß wir auch nach dem Abzug der Steuern noch ein paar Mark übrig hatten.

Natürlich flogen wir im Dezember wieder nach Neuseeland und fanden ein schönes »Musterhaus«. Diese Musterhäuser sind Holzhäuser, meist eine Art Blockhaus, und haben den Vorteil, daß sie einschließlich Teppichboden, Gardinen, Küche, Bad und Lampen per Tieflader zentimetergenau aufs Grundstück gebracht werden.

Um 7.05 Uhr bog der Tieflader in »The Gem« ein (das ist der Name unserer Straße: »Der Edelstein«), und um 11.00 Uhr stand meine Frau bereits in der Küche und war voller Dankbarkeit, begeistert vom »schönsten Blick auf der Welt«.

Und dann kam noch ein Geschenk des Himmels. Am 24. 12. erhielten wir die Nachricht, daß entgegen allen Gesetzen des Landes eine Sondergenehmigung erteilt wurde, unser Wohnmobil im Land lassen zu dürfen. Die Bedeutung dieser Nachricht kann allerdings nur jemand verstehen, der jemals mit dem Kiwi-Zoll zu tun hatte.

Unser Ziel stand fest, und unser Hymer war »das erste aus unserer Familie«, das es geschafft hatte, eine Daueraufenthaltsgenehmigung zu bekommen...

NUR FÜR DIE BESTEN: ERFOLG UND ERFÜLLUNG

Was kann ich aus diesem Kapitel lernen und erkennen und für mein Leben in Erfolg UND Erfüllung umsetzen?

Kurt Sommer, 7410 Reutlingen:

„Ergebnisse statt Perfektion!"

ALFRED R. STIELAU-PALLAS

DER ERFOLG UND DIE GEIER

Könnte es sein, daß folgender Satz richtig ist?
Wer in unserem Land lauthals nach sozialer Gerechtigkeit schreit, ist nicht bereit, seinen eigenen Beitrag zu leisten und will auf Kosten anderer leben.
Ist dieser Satz nicht einen goldenen Rahmen wert? Solange Sie mit diesem Satz auf Protest sind, denken Sie ruhig einmal darüber nach, ob Sie bereits Ihren Preis an unsere Gesellschaft, an unseren Planeten bezahlt haben.
Dieser Satz ist übrigens keine Kritik, sondern nur eine Feststellung.

Ich habe in den letzten Tagen einen Brief von einem frischgebackenen deutschen »Erfolgsautor« erhalten. Er schreibt mir, daß ich ihm eine Chance geben soll, selbst erfolgreiche Seminare zu geben, da er etwas Ähnliches machen möchte wie wir und sich dieselbe Zielgruppe ausgesucht hat.
„Ich brauche dafür Partner, Freunde, Spezialisten und Sponsoren ... Sie haben offensichtlich Ihre Chance bekommen ..."
Seine Unterlagen und Bücher sind voll von meinen Beispielen und Ideen mit dem Hinweis: „Siehe auch Stielau-Pallas" – so, als wäre auch Stielau-Pallas gleichzeitig auf diese Ideen gekommen.

Stellen Sie sich vor, Sie hätten ein Geschäft aufgebaut und jemand kommt zu Ihnen, um nebenan ein ebensolches Geschäft aufzubauen, und bittet Sie darum, Ihnen zu zeigen, wie es geht.
Warum auch nicht, probieren kann man es ja schließlich!

Nur für die Besten: Erfolg UND Erfüllung

„Weil der Sprit inzwischen so teuer ist", war die Antwort, die ich von einem Anhalter auf meine Frage bekam, warum er denn nicht sein eigenes Auto benutze, nachdem er mir erzählt hatte, daß er eines hat. Schade, daß ich damals noch nicht den Mut hatte, ihn an Ort und Stelle wieder auf die Straße zu setzen.

Erfolg UND Erfüllung sind nicht damit zu erreichen, sich auf Kosten anderer durchs Leben zu schlagen. Erfolg UND Erfüllung zu erlangen, heißt in erster Linie: der Gesellschaft mehr zurückzugeben, als man von ihr empfangen hat, und vor allen Dingen bereit zu sein, unter vollem Risiko seinen ganzen Einsatz, sein Bestes zu geben und dann erst danach zu fragen, wie das wohl bezahlt wird.

Wer nur darauf achtet, wie er sich vom Erfolg der Erfolgreichen ein Stück Kuchen abschneiden kann, ohne zum Kaffeetrinken eingeladen zu sein, wird stets ein ungeladener Zaungast derjenigen bleiben, die ihren Tribut gezollt haben.

Angst ist die Ursache, die ich am meisten bei solchen Leuten vorgefunden habe. Angst vor der Unsicherheit. Erinnern Sie sich, daß für die zweite Reifestufe das Bedürfnis nach Sicherheit erfüllt werden muß und daß in der dritten Reifestufe das Bedürfnis nach sozialem Engagement wartet?

Solange die zweite Stufe noch nicht befriedigt ist, unser Computer aber schon die Software für die dritte Stufe eingeladen hat, ergibt sich dieses seltsame Verhalten. Die Angst ist noch zu groß, um daran glauben zu können, selbst etwas auf die Beine zu stellen, und das Gefühl, anderen helfen zu müssen, drückt sich darin aus zu meinen, das Recht zu haben, daß andere (Stärkere) einem helfen MÜSSTEN.

Da die geistige Einstellung in dieser Stufe natürlich noch nicht soweit entwickelt ist, dem anderen klar und offen mitzuteilen, was man von ihm erwartet, werden solche Dinge so eingeleitet, indem man selbst Hilfe anbietet, vorschiebt, seinen Beitrag zum gemeinsamen Erfolg leisten zu wollen und in Wirklichkeit Wege sucht, sich eigene Rechte anzufertigen und sich den Profit zu holen, der vorher in keinster Weise abgesprochen war.

Wie macht sich das bemerkbar?

Zum Beispiel im überflüssigen Krank»feiern«, zum Beispiel im unbefugten Benutzen der Kundenadressen, zum Beispiel im Beschädigen von Werkzeugen, zum Beispiel im Mitnehmen von Firmeneigentum und zum Beispiel im Schädigen des guten Rufes der Firma. All diese sind Verhaltensweisen, die dann zum Tragen kommen, wenn Mitarbeiter der Meinung sind, es würde ihnen mehr zustehen, als sie verdient haben.

Der entscheidende Denkfehler tritt dann auf, wenn Mitarbeiter, die bereits in einer Position sind, die Leistung oder gar Ergebnisse fordert und auch erst Leistung oder Ergebnisse honoriert werden, nicht aber reine Arbeit oder gar nur Anwesenheit, meinen, daß sie genug gearbeitet hätten.

Die Führungskraft einer bekannten Firma kündigte und zeigte mir stolz all die Dinge, die er hatte »mitgehen« lassen. Eigentlich als Kundengeschenke gedachte wertvolle Stücke, mit denen er sich für den privaten Gebrauch eingedeckt hatte. Die nächste Firma mußte auf andere Art und Weise für die selbstgefertigten Rechte dieser Führungskraft bezahlen, die zwar gern eine selbständige und selbstverantwortliche Tätigkeit ausüben wollte, aber noch zu ängstlich war, sich selbst mit vollem Risiko auf die eigenen Beine zu stellen.

Ich möchte, daß Sie an dieser Stelle knallhart mit sich selbst werden! Solange Sie sich erlauben, auf nicht ganz

Nur für die Besten: Erfolg UND Erfüllung

astreine Art und Weise am Erfolg anderer teilzuhaben, dann werden Sie vielleicht zu Erfolg kommen, aber auf die Erfüllung verzichten müssen. Ein Trostpflaster bleibt allerdings: das Gefühl der Cleverneß und Genugtuung. Genugtuung kommt auf, wenn man MEINT, genug getan zu haben.

Sobald wir aufhören, der planetarischen Gemeinschaft ebensoviel zu geben, wie wir von ihr genommen haben, gibt es keine Berechtigung, die Erfüllung zu genießen.

Was will ich diesem Planeten geben?

Schadet es keinem anderen?

Ist der, von dem ich etwas nehme, damit einverstanden?

Bringe ich ihm mehr Nutzen als Kosten?

Sieht er das auch so?

Sind die Preise und Rechte abgesprochen, oder habe ich sie mir selbst angefertigt?

Stellen Sie sich diese Fragen, BEVOR Sie sich etwas nehmen, ansonsten liefert Ihnen Ihr Computer zig handfeste Gründe, warum das alles in Ordnung ist.

Nochmals: Ich habe mehr Menschen kennengelernt, die mit »Positivem Denken« pleite gegangen sind als damit zum Millionär zu werden. Aus diesem Grund möchte ich sehr klar und deutlich mit Ihnen über die Fallen sprechen, die auf dem Weg zu Erfolg UND Erfüllung aufgestellt sind. Diese Fallen sind dafür da, damit nur derjenige zur inneren Erfüllung gelangt, der wirklich alle vier Reifeprüfungen bestanden hat und nun in der Lage ist, mit der Macht, dem Reichtum und dem Einfluß auch richtig umgehen zu können.

Dies sind keine Fallen, mit denen Sie reingelegt werden sollen, sondern Reifeprüfungen, mit denen wir vor Verantwortung verschont bleiben sollen, die wir noch gar nicht tragen könnten. Darum bin ich überhaupt nicht davon begeistert, daß heute jedem das Wissen zugänglich gemacht wird, wie man seine Ziele mit Subliminal, mit Hypnose oder anderen Mitteln erreichen kann. Wer nicht die ethischen Voraussetzungen mitbringt, mit diesen Ergebnissen auch umgehen zu können, für den sind diese Geister, die er rief, eher ein Fluch, anstatt ein Segen.

Ich bin immer wieder dafür dankbar, daß ich meinen finanziellen Erfolg nur Schritt für Schritt erreicht habe und in dem Verhältnis, wie ich auch damit umzugehen vermochte.

Verantwortungsvoll mit Geld umzugehen, heißt aber auch: nicht zuzulassen, daß Ihnen »die Geier« alles abnehmen, was eigentlich dafür gedacht war, Ihre Aufgabe erfüllen zu können. Kein »Lieber Gott« wird Ihnen unter die Arme greifen, wenn Sie sich nachlässig von anderen etwas aus der Tasche ziehen lassen oder ließen, was für Sie gedacht war.

Und immer wieder werden Sie selbst gefragt, was SIE für richtig halten!

Und immer wieder müssen Sie selbst die Entscheidung treffen, die SIE für richtig halten.

Und immer wieder werden Sie sich von anderen kritisieren lassen müssen.

„Der Weg ist schmal und klein die Zahl derjenigen, die mir folgen werden!"

Der Weg der Masse ist immer falsch; denn die Masse wird es nie zu etwas bringen, und zwar weder zu Erfolg noch zu Erfüllung. Aber die Masse wird immer schreien, daß es ungerecht ist, daß SIE es geschafft haben!

Jesus hat sich deshalb gewehrt, sich zum König erklären zu lassen, weil er wußte, daß dann seine Lehre nur von »den Geiern« für ihre eigenen Zwecke ausgenutzt werden würde.

Nur für die Besten: Erfolg UND Erfüllung

Der Weg zu Erfolg UND Erfüllung ist begleitet von der Entbehrung, die Meinung der Masse hinter sich zu haben. Der Weg zu Erfolg UND Erfüllung ist begleitet von Selbstzweifeln, die dazu führen, sich täglich neu zu checken, ob einem Erfolg UND Erfüllung wirklich wichtiger ist als nur Macht und Reichtum.

Der Weg zu Erfolg UND Erfüllung ist begleitet von der täglich neuen Entscheidung, was mir wirklich wichtig ist und worauf ich auch verzichten kann.

Warum lohnt es sich, diesen Weg zu gehen? Nun, er wird sich nicht für jeden lohnen; denn nicht jeder wird das Durchstehvermögen haben, ihn auch tatsächlich zu gehen.

Ich bin deshalb meiner lieben Frau immer wieder dankbar, die spätestens seit dem Tod ihres erstgeborenen Sohnes klar und deutlich den Weg gewählt hat, den sie aufrecht, stolz und (für Außenstehende) knallhart geht, um nur und immer das zu tun, was sie selbst für richtig hält.

Ich selbst muß nach wie vor lernen, mich von meinem Weg nicht abbringen zu lassen, nur weil andere mir vorwerfen, ich wäre zu hart, zu egoistisch und zu unnachgiebig. Im nachhinein hat sich immer erwiesen, daß diese Kritik nur von denjenigen kam, die selbst nicht im Entferntesten bereit gewesen wären, das zu tun, was sie von mir erwartet haben.

Für alle als Hoffnung, die jetzt vielleicht gerade in einer solchen Situation stecken:

Wenn jemand kritisiert wird,
dann hat das nichts mit demjenigen zu tun,
der kritisiert wird,
aber viel mit demjenigen, der kritisiert.

Seien Sie sicher, daß ich Sie nie kritisieren werde; denn ich wüßte jetzt schon, daß ich mich irre. Das heißt aber nicht, daß Pallas gesagt hat: „Lassen Sie sich alles gefallen." Sie zeichnen für alles verantwortlich, was Sie in Ihrem Leben erleben, vorausgesetzt, Sie sind daran interessiert, die Macht über das zu bekommen, was sich in Ihrem Leben abspielt.

Wenn Sie den Erfolg haben, den Sie sich wünschen, dann füttern Sie gern die Spatzen, wenn es Ihnen Spaß macht, aber halten Sie sich »die Geier« vom Leib!

Nur für die Besten: Erfolg UND Erfüllung

Was kann ich aus diesem Kapitel lernen und erkennen und für mein Leben in Erfolg UND Erfüllung umsetzen?

Ulrike und Stefan Stadler, 8700 Würzburg,
PALLAS-Seminarleiter-Ass.:

„Erfüllen, was mich erfüllt!
Wir haben erkannt: Es gibt nur EINE Macht!"

Alfred R. Stielau-Pallas

CHRONIK 1985/86

Es sprach sich so langsam herum, daß sich Pallas nach Neuseeland »absetzen« will. Wir hatten schon die ersten Seminare für unsere deutschen Teilnehmer am anderen Ende der Welt durchgeführt, und es schien auch wirklich nur eine Frage der Zeit zu sein, wann wir Deutschland verlassen würden.

Gleich im Januar hatten wir das erste Seminar, in dem wir mit vier Ehepaaren, jedes im eigenen Wohnmobil, ein Intuitionstraining »Management by Intuition« durchführten. Nun hatten wir die optimale Lösung gefunden. Weit ab von Arbeit, Hektik und Alltagssorgen mitten im ungefährlichen Busch war es viel leichter, sich der inneren Stimme zu öffnen. Und wer übt schon das Drachenfliegen auf der Zugspitze? So ist es auch mit der Intuition. Neuseeland ist der »Übungshang« für die Intuition. Hier ging es ganz einfach, und nach einer Woche Training konnte man es auch in der Hektik Deutschlands.

Kurz danach fand gleich ein Drehbuch-Seminar statt, und auch dafür erwies sich »Neuseeland im Wohnmobil« als idealer Seminarraum.

Kaum daß wir in Deutschland zurück waren, waren auch schon die beiden Seminare für die kommende Saison ausgebucht.

Und nun sollten wir nicht nur unsere Intuition, sondern auch unsere gesamte Energie zur Verfügung haben; denn plötzlich ging unter zwölf Stunden Arbeit nichts mehr. Erstens waren wir zweieinhalb Monate in Neuseeland geblieben, zweitens flog ich zusätzlich im Juli für drei Wochen rü-

Nur für die Besten: Erfolg und Erfüllung

ber, und drittens wollten wir im Winter vier Monate drüben bleiben. Mit anderen Worten, das Geld mußte in sieben Monaten verdient werden.

Montag Abflug Auckland, dann drei Tage Singapur, um Urlaub vom Urlaub zu machen, und bereits am kommenden Montag zum Seminar nach Helsinki. Aus über 30 Grad plus direkt ins 42 Grad minus kalte Finnland. Es war eine der kältesten Nächte in den letzten Jahren, wurde uns gesagt. Aber das »Kalastajartorpa« war schließlich gut geheizt. Nur das Schnappen der frischen Luft in den Pausen wurde auf ein Minimum beschränkt. Trotzdem machte ich nachts einen Spaziergang in die Stadt. Ich wollte das einfach einmal erlebt haben.

Es gab jedoch immer mehr Freunde, Teilnehmer und leider auch zwei von unseren drei Verkäufern, die, seitdem wir Neuseeland im Kopf hatten, nicht mehr länger an eine Zukunft der PALLAS-Seminare glauben konnten, und ohne zu kündigen ihr Geld anderswo verdienten.

Das hatte zwar Nachteile, aber auch Vorteile. Ich mußte wieder selbst verkaufen und wurde so daran erinnert, daß mit dem Verkauf mehr verdient wird als mit der Seminarleitung.

Ich bekam interessante Aufträge und Vorträge und wurde von anderen Seminarleitern inzwischen als »Erfolgspapst« in Deutschland bezeichnet, was mir einen uralten immer wiederkehrenden Traum erklärte. Ich träumte nämlich in regelmäßigen Abständen, daß mich der Papst als seinen Nachfolger einsetzen wollte, was ich eigentlich überhaupt nicht deuten konnte. Unter diesem neuen Blickpunkt ergab der Traum einen Sinn.

Außerdem träumte ich regelmäßig, fliegen zu können, sobald ich meine Arme, wie zum Segen ausgebreitet, erhob. Auch das wurde mir klar, und zwar als ich meinen ersten Höhenflug am Gleitschirm hängend absolvierte. Meine Arme nahmen genau die Position wie im Traum ein, da ich damit die Steuerleinen halten mußte.

Das ganze Jahr verging wie im Flug, genaugenommen sogar wie im Höhenflug.

Allerdings spürte ich, daß ich für einige Teilnehmer so etwas wie »ein besonderer Mensch« wurde, und vielleicht fühlte ich mich in der Rolle auch hier und da wohl. Keine Probleme, alle Ziele werden erreicht, und schon wird man eine Leitfigur. Doch genau das wollte ich auf keinen Fall!

Natürlich wollte ich anderen mit meinem Lebensstil Mut, Hoffnung und Zuversicht machen, aber ich wollte auch klarlegen, daß ich mit nichts angefangen hatte, daß ich aus armen Verhältnissen kam, daß ich nur die Volksschule besucht hatte, daß ich noch vor zehn Jahren meinen tiefsten Punkt im Leben hatte, daß ich ein ganz normaler Mensch war, der lediglich hart an sich gearbeitet hatte und der gemeinsam mit seiner Frau im Gleichklang größere Wellen erzeugen konnte, als er es je allein geschafft hätte.

Allerdings unterstützte ich dieses Bild wohl auch damit, daß ich ein unverbesserlicher Optimist war und in jedem Nachteil sofort einen Vorteil sah, was mir bei einigen Leuten das Image einbrachte, daß ich mir von ihnen wohl sehr viel gefallen lasse.

Den goldenen Mittelweg sollte ich offensichtlich erst später finden . . .

Nur für die Besten: Erfolg UND Erfüllung

Was kann ich aus diesem Kapitel lernen und erkennen und für mein Leben in Erfolg UND Erfüllung umsetzen?

Ludwig M. Stöcker, 8700 Würzburg, Finanzmakler:

„Ich weiß, daß mein Bewußtsein mein Sein bestimmt und mein Sein mein Bewußtsein."

Alfred R. Stielau-Pallas

WENN DIE LIEBE LIEBE NICHT WÄRE
ODER
KRIEG IST, WENN MAN DIE NASE VOLL HAT

„Nein, jetzt reicht's mir!" Haben Sie sich das auch schon sagen hören?

Als ich mich dies das letztemal sagen hörte, hatte ich 18 Monate hingenommen, daß jemand eine Absprache völlig anders auslegte als ich. Innerhalb dieser 18 Monate hatte ich es immer und immer wieder versucht – auf die nette, die positive, die höfliche, die motivierende und die verständnisvolle Art und Weise.

„Warum hast du ihn nicht früher gefeuert?" Mit dieser Art Vorwurf meiner Frau muß ich leben, seitdem wir uns kennen. Und natürlich hat sie recht. Aber was soll man tun, wenn es einem total gegen den Strich geht?

Wir müssen unsere Erfahrungen selbst sammeln, bis wir meinen, es wirklich begriffen zu haben. Aber warum schreibe ich eigentlich Bücher, warum gebe ich Seminare, wenn jeder doch seine Erfahrungen selbst machen muß?

Ich bin davon überzeugt, daß diese Erfahrungen ohne Bücher und Seminare noch teurer wären. Und ich weiß, wie sehr mir früher die Bücher anderer Autoren geholfen haben, Dale Carnegie, Napoleon Hill, Dr. Joseph Murphy u. a. Und ich bekomme schließlich heute genug eigene »Fan-Post« von Lesern oder Teilnehmern, die froh sind, daß sie Pallas gelesen haben.

Aber ist der Pallas deshalb perfekt?

Nun, ich möchte Ihnen ein Geheimnis verraten: Für Sie als Leser ist es wichtig, daß Pallas perfekt ist, damit Sie Ihr

Ego beruhigen können und ihm klarmachen können, daß Sie Ihre Zeit mit Bücherlesen nicht verschwenden, sondern sinnvoll investieren. Und wie sollte Ihr Ego das glauben, wenn Ihr Vorbild nicht perfekt wäre ...
Natürlich ist Pallas perfekt. Er hat alles, er kann alles, er weiß alles, und Sie sind sein ganz besonderer Musterschüler, den er am liebsten heute noch für eine achtstündige Privataudienz empfangen würde. Er würde Ihretwegen sofort alle Arbeit stehen- und liegenlassen. Schließlich sind Sie halb um die Welt gereist, um ihn in Neuseeland besuchen zu können, und dafür hat er natürlich Verständnis.
Machen Sie sich doch nichts vor!
Pallas ist nicht perfekt, und sein Haus ist kein Schloß, sein Bürohaus kein Wolkenkratzer, sondern ein Blockhaus, und sein Boot reicht gerade so zum Wasserskilaufen. Und er kann auch nicht alles; denn er hat auch seine Probleme und Situationen. Und er weiß auch nicht alles; denn er ist froh, endlich begriffen zu haben, daß er eigentlich nichts weiß. Und er wird auch dann seine Arbeit nicht unterbrechen, wenn Sie »extra seinetwegen« (wenn auch unangemeldet) nach Neuseeland kommen, sondern eher so tun, als wenn er nicht zu Hause wäre, da er sonst jede Woche zwei Tage mit Buchlesern und Seminarteilnehmern verbringen würde, was seinen Familienfrieden und seine Aufgabe erheblich beeinträchtigen würde.
Als ich nach erteilter Sondererlaubnis Dr. Murphy bei einem seiner letzten Besuche in Deutschland im Münchner »Hilton« für seinen Verleger fotografieren und filmen durfte, brach eine Welt für mich zusammen, als er sich zuerst einmal eine Havanna-Zigarre ansteckte und einen Witz nach dem anderen erzählte, anstatt schöngeistige Dinge von

sich zu geben. Und als dann seine Reisebegleiterin und Managerin durchblicken ließ, daß er durchaus grantig werden konnte, wenn irgendwas mit dem Essen oder so nicht stimmte, wollte ich seine Bücher am liebsten verbrennen . . .

Wenn Sie mich drei Tage lang kennenlernen würden, dann würde Ihnen klarwerden, daß ich nicht der Pallas bin, den Sie sich gemacht haben! Okay, ich rauche nicht, trinke nur ein bis zwei Glas Sekt pro Woche, mache brav meine Morgengymnastik, komme ausgezeichnet mit meiner Frau aus und lebe mein Leben so, wie es mir gefällt. Aber ich lebe eventuell nicht das Leben, das ich Ihrer Meinung nach leben sollte. Ich verhalte mich eventuell auch nicht so, wie Sie das für Pallas für richtig halten würden. Und ich bin nicht so, wie Sie mich in Ihren Gedanken produziert haben – genauso, wie Ihre Mutter und Ihr Vater nicht so sind, wie Sie sie sich gemacht haben!
Ich bin ich!

Und wissen Sie was? Ich lebe lieber damit, daß ich nicht so bin, wie SIE mich haben wollen, bevor ich damit leben wollte, so zu sein, wie ich mich NICHT haben will! Und ich habe rund 40 Jahre dazu gebraucht, diese Konsequenz endlich an den Tag zu bringen. Wissen Sie, was der wichtigste Satz in diesem Buch für Sie ist?
Ich bin ich!

Und wenn Sie klug sind, dann hören Sie endlich auf, den Perfekten spielen zu wollen, und beginnen damit, sich heute so zu akzeptieren, wie Sie heute sind! Sie brauchen nicht immer überlegen, souverän und ausgeglichen zu sein, wenn Ihnen nicht danach zumute ist. Ich kenne mehrere »Lebenslehrer«, die sich unter diesen Zwang gebracht haben und selbst zum Psychiater gehen.

Nur für die Besten: Erfolg UND Erfüllung

Ich bin ich!

Wenn Sie sich so verhalten, wie es andere von Ihnen erwarten, oder noch schlimmer, wie Sie meinen, daß es andere von Ihnen erwarten, dann vergessen Sie den Rest IHRES Lebens; denn Sie werden den Rest »Ihres« Lebens damit verbringen, es anderen rechtmachen zu wollen.

Wissen Sie was?

Ob Sie das Buch gut finden, es zu Ende lesen oder schon lange in die Ecke gestellt haben, ob Sie mich gut oder nicht gut finden, ob Sie meinen, das Buch wäre unbezahlbar oder zu teuer, ob Sie mich weiterempfehlen oder jedem, den Sie treffen, abraten, auch nur den Namen Pallas in den Mund zu nehmen – wissen Sie, wie stark mich Ihre Gedanken hier unten erreichen?

Eines ist sicher. Denken Sie über mich, wie Sie wollen, ich werde Ihre jetzigen Gedanken über mich hier 12 000 Kilometer unter Ihren Füßen, am anderen Ende der Welt, beim besten Willen nicht wahrnehmen. Und selbst wenn Sie sich die Mühe machen, Ihre Gedanken zu Papier zu bringen und Porto ausgeben, um sie mir zukommen zu lassen, werde ich in meinem Geist die Entscheidung treffen, daß alles, was Sie mir schreiben, über mich denken, sagen und tun, dazu beiträgt, mich weiterzubringen; denn

ich bin ich!

Und jetzt drehen Sie einmal die ganze Geschichte um, und begreifen Sie, daß es auch Ihnen egal sein muß, was andere von Ihnen halten, über Sie denken, von Ihnen sagen und versuchen, mit Ihnen zu tun. Sie können die Entscheidung treffen, was das für Sie bedeutet; denn Sie sind Sie!

Ich habe mir nicht vorgenommen, mit jedem auszukommen und auch nicht, Sie nicht zu enttäuschen.

Ich habe mir nicht vorgenommen, der zu sein, den Sie sich unter Pallas vorstellen.
Ich habe mir nicht vorgenommen, mir alles gefallen zu lassen.
Ich habe mir nur vorgenommen, stets ich selbst zu sein!
Wissen Sie, was das wichtigste Geheimnis für Erfolg UND Erfüllung ist?

Die Fähigkeit, sich für heute so zu akzeptieren, wie Sie heute sind, an sich zu arbeiten und sich morgen so zu akzeptieren, wie Sie morgen sind, und zu begreifen, daß Sie so, wie Sie gestern waren, für gestern genau der Richtige gewesen sind.

Die Schöpfung braucht Sie heute so, wie Sie heute sind, ansonsten hätten Sie sich gestern entschlossen, heute anders zu sein, und wären in der Lage, heute anders zu sein. Wären Sie heute anders, dann nur deshalb, weil die Schöpfung Sie heute anders gebraucht hätte als gestern.

Sie meinen, ich würde mich wiederholen?
Ich könnte sogar damit leben, ein ganzes Buch mit 356 Seiten und 55 Zeilen pro Seite mit einem Satz zu füllen, den Sie auf diese Art und Weise 19 580mal zu lesen bekämen:
Ich bin ich!

Und wenn Sie für so ein Buch 50 Mark bezahlt hätten, dann wäre es eine sinnvolle Investition gewesen; denn jede Minute länger ohne diese klare Erkenntnis kostet mehr, nämlich eine Minute Lebenszeit, die nichts mit Ihrem Leben zu tun hat!

Sobald wir damit beginnen, Dinge zu tun, die wir eigentlich nicht tun wollen, oder Dinge zuzulassen, die wir eigentlich nicht zulassen wollen, sobald wir also nicht wirklich wir selbst sind und nachgeben, obwohl wir es besser wissen,

sammeln wir Punkte zur Kriegsführung. Eines Tages wird das Glas voll sein und es wird überlaufen. Und wenn es überläuft, dann gibt es Magengeschwüre oder Krieg. Magengeschwüre hatte ich bis heute glücklicherweise noch nicht, aber dafür Tausende, Zehntausende oder gar Hunderttausende von Mark, die ich zum Fenster rauswarf.
Wenn das Glas voll ist, dann genügt ein Tropfen...
Ich habe hinzugelernt und leere es bereits, wenn es halbvoll ist.
Meine Frau leert es bereits, wenn nur ein Schluck drin ist.
Sie ist der aufrechteste Mensch, den ich je kennengelernt habe, und ich bewundere sie von Tag zu Tag mehr in dieser Aufrichtigkeit. Sie hat mehr als einmal bewiesen, daß sie bereit wäre, auf unser gesamtes Einkommen zu verzichten, wenn sie etwas tun müßte, was sie nicht länger sie selbst sein lassen würde. Aber sie ist nicht unbedingt bequem.
Bei uns gibt es deshalb nie Krieg in der Familie. Aber die Fronten werden regelmäßig geklärt, und jeder weiß, was er tun und was er nicht tun darf, um den anderen so sein zu lassen, wie dieser heute sein kann und sein will.
Alexander hat einen Freund, der jeden Tag zu uns kommt, mit uns ißt und alle Spielsachen von Alexander benutzen darf. Da Alexander im Vergleich zu Travis steinreich ist, ist es für Travis ein Paradies, bei und mit uns sein zu können.
In der Schule spielt Travis jedoch auch mit anderen Jungen; denn er ist zwei Jahre älter, und außerdem ist Alexander nicht bei jedem beliebt. Schließlich sind wir hier die »Ausländer«.
Es kam wiederholt vor, daß, wenn Alexander auch in der Schule mit Travis spielen wollte und andere hinzukamen,

Travis ihn sehr abwertend behandelte. Als Alexander wissen wollte, warum, sagte ihm Travis, daß ein anderer es von ihm verlangt hätte, weil er sonst nicht mehr mit ihm spielen würde.

Alexander war gedemütigt, schockiert und fertig, wollte ihn aber nach wenigen Minuten wieder anrufen und zum Spielen einladen. Wir sprachen mit Alexander darüber und machten ihm klar, daß er lernen müsse, klare Fronten zu ziehen, da er sonst später ausgenutzt werden würde.

Es war nicht leicht für ihn, aber er hielt eine Woche durch, Travis nicht zum Spielen einzuladen, obwohl dieser Alexander in der Schule fragte, ob er kommen dürfe. Als er wissen wollte, warum nicht, klärte Alexander ihn auf und sagte ihm, daß er nur mit ihm spielt, wenn er klar dazu steht, sein Freund zu sein. Die Methode funktionierte, und nachdem meine Frau Travis klarmachte, daß er für seine Taten selbst verantwortlich sei, auch wenn er von anderen aufgewiegelt wird, verstand Travis dies.

Wenn wir nicht lernen, uns zu distanzieren, auch wenn wir kritisiert, nicht beachtet, verachtet und verleumdet werden, dann kommt's zum Persönlichkeitsschlußverkauf, und wir leben das Leben anderer und können unseres vergessen.

Mit anderen Worten:
Lassen Sie sich nicht einreden, wie Sie zu sein haben, auch nicht von »Lebenslehrern«, die sich zur Aufgabe gesteckt haben, Heilige zu produzieren und die Welt innerhalb der kommenden drei Jahre in ein süß duftendes Paradies zu verwandeln.

Tun Sie, was **Sie** für richtig halten, und realisieren Sie, daß Sie es getan haben, um daraus zu lernen, damit Sie morgen das tun können, was Sie morgen für richtig halten werden.

Und je mehr es Ihnen gelingt, das zu tun, was Sie für richtig halten, und dies auch klar rüberbringen, um so früher ist Ihr Glas wieder leer und um so geringer ist die Chance, daß Sie Dinge tun, die Sie eigentlich nicht tun wollen.

Woran erkennen Sie einen Heiligen?

Ißt er anders, geht er anders, spricht er anders? Oder könnte es nicht sein, daß er sich genauso verhält wie ein »normaler« Mensch, dies aber nur in einem anderen Bewußtseinszustand tut, mit einer anderen Einstellung, aus einem anderen Beweggrund? Jesus aß bestimmt nicht mit Messer und Gabel, er schwebte auch nicht durchs Leben, und er sprach in einfachen Worten.

Und wenn er heute unter uns leben würde, dann würde er nicht als Heiliger erkannt werden, sondern genauso wie damals von der Masse als Spinner verschrien, von den Politikern als Revolutionär verhaftet und von den Religionsführern als Gotteslästerer gekreuzigt werden.

Haben Sie die Chance, eines Tages perfekter zu sein als Jesus? Und haben Sie die Chance oder Hoffnung, dann von keinem mehr kritisiert und von jedem geliebt zu werden? Warum wollen Sie also nicht gleich anerkennen:

**Ich bin heute, wie ich heute bin, und
ich bin heute für heute okay!**

Was kann ich aus diesem Kapitel lernen und erkennen und für mein Leben in Erfolg UND Erfüllung umsetzen?

Adolf Stoll und Gabi Fleer, 7419 Sonnenbühl, Naturkostladen-Ausstatter:

„Der Schöpfer und die Schöpfung sind eins."

CHRONIK 1986

Nach vier Monaten Sommer in Neuseeland zurück ins graue Deutschland war eine Umstellung, die von uns leichter mit dem Ziel verkraftet werden konnte, sobald wie möglich wieder zurückzufliegen.

Und so kam alles schneller als geplant. Der Antrag zur Einwanderung nach Neuseeland wurde umgehend bearbeitet, und so flogen wir im Juli wieder runter, rüber, oder wie Sie es auch sehen wollen, und konnten durch unsere persönliche Anwesenheit in Wellington alle Fragen direkt beantworten.

Wir hatten in Neuseeland bereits ein Haus, ein Wohnmobil und nach wie vor unser Einkommen aus Deutschland, so daß es keinerlei Schwierigkeiten gab. So gehörten wir zu den weniger als einhundert Familien, die von über 70 000 Anträgen aus Deutschland ein Okay für das »Paradies am anderen Ende der Welt« bekamen. »Gott sei Dank« hatten wir unseren Antrag vor dem 1. Mai gestellt; denn danach gab es viele, die Deutschland fluchtartig verlassen wollten. Falls Sie sich noch zurückerinnern: Es war die Woche, die Tschernobyl weltbekannt machte.

Unglaublich, vor 13 Jahren hatte ich noch nicht einmal die Worte »Positives Denken« gehört und steckte noch drei weitere Jahre in Schulden und Problemen, und heute war es soweit, daß ich mir gemeinsam mit meiner Frau meinen Lebenstraum erfüllen konnte.

Welcher Tatsache war es an erster Stelle zu verdanken, daß sich alles zum Positiven verändert hatte?

War es mein intensiver Arbeitseinsatz?

Eigentlich nicht; denn als ich mein Fotogeschäft hatte, arbeitete ich auch bis in die Nacht.

Es gab so viele Gründe, aber ich glaube, daß eine ganz besondere Änderung in meiner Einstellung die wichtigste Rolle spielte.

Da ich mich in all den Jahren rund um die Uhr mit dieser Thematik beschäftigte und in jedem Drehbuch-Gespräch hinzulernte, wurde mir die Lösung auf das Problem, wie man seine alten Programme löschen kann, immer klarer.

Bereits sieben Jahre vorher hatte ich in meinem Buch »Die ZEHN GEBOTE für Ihren Erfolg« darüber geschrieben, wie wichtig es ist, das Gebot »Du sollst Vater und Mutter ehren« einzuhalten, und mir war auch klargeworden, daß das ein Schlüssel sein muß. Mir war auch klar, daß »Nicht-Kritik« ein Schlüssel sein muß und daß beides in erster Linie auf uns selbst wirkt und überhaupt nichts mit anderen zu tun hat. Und ich wußte seit einigen Jahren, daß die Dankbarkeit ein Schlüssel ist.

Ich fand also heraus, was notwendig ist:
1. ein Ziel, das Tat-Energie freisetzt,
2. Programmierung des Zieles in das Unterbewußtsein,
3. gesundes Selbstvertrauen,
4. Entscheidungsfreude,
5. Klartext für gute Beziehungen,
6. förderndes Image,
7. Selbstmotivation und
8. mutiges konsequentes Tun
sowie die drei eben genannten Schlüssel.

So arbeitete ich ständig daran, eine stets bessere Lösung zu finden, um dies zu vermitteln. Doch ich erlebte immer wieder, wie sehr sich das Ego durchsetzt und alle möglichen und unmöglichen, aber gutaussehenden Gründe findet, um uns von der Lösung abzuhalten.

Im Drehbuch-Seminar war das kein Problem; denn die Teilnehmer waren offen, bereit und hatten viel Geld bezahlt und waren sogar noch bis ans andere Ende der Welt gereist, um endlich eine Befreiung aus der Versklavung des Ego zu erzielen.

Würde es aber auch funktionieren, wenn jemand nur ein Buch liest, anstatt gezielt von mir gelenkt durch ein Gespräch zu laufen, das ihm seine Programme aufzeigt und ihm die Möglichkeit gibt, sie nun zu entlassen, wo sie doch ihren Zweck erfüllt haben?

Ich weiß es nicht!

Aber Sie können sich diese Frage nun selbst beantworten. Möchten sie nur ganz gern, oder wollen Sie wirklich?

Wollen Sie wirklich den ersten Schritt unternehmen, ein Leben in märchenhafter Freiheit und Unabhängigkeit zu leben?

Den Rest dieses Buches beeinflussen Sie, und genaugenommen haben Sie auch den Beginn und alles in diesem Buch beeinflußt.

Es ist ganz allein Ihr Buch!

Kein Mensch außer Ihnen hat das Buch so gelesen wie Sie!

Kein anderer Mensch hat jedem einzelnen Satz die Bedeutung gegeben wie Sie!

Sie sind der Mittelpunkt Ihres Universums. Sie geben mit Ihren Gedanken, Gefühlen und Vorstellungsbildern den Sätzen die Bedeutung. Die Sätze an sich haben keine Bedeutung; denn ein Chinese könnte absolut nichts damit anfangen, ebenso wie Sie nichts mit einem chinesischen Buch anfangen könnten. Und falls Sie doch chinesisch lesen können, dann wissen Sie noch besser, was ich meine.

Die Worte an sich haben keine Bedeutung, wir geben ihnen die Bedeutung.

Die Situationen an sich haben keine Bedeutung, wir geben ihnen die Bedeutung!

Und so, wie wir die Welt jetzt noch sehen, werden wir sie nie wieder sehen; denn wir geben den Dingen jeden Tag eine etwas andere Bedeutung.

Es ist Ihr Buch und Ihre Entscheidung, wie Sie nun die Auflösungen, die Schlüssel verwenden. Lesen Sie lächelnd über die nächsten Kapitel hinweg, oder lassen Sie sie Teil Ihrer ganz persönlichen Wahrheit werden. Es ist ganz allein Ihr Buch, und kein anderer Mensch wird auf den kommenden Seiten das empfinden, was Sie nun empfinden werden.

Als ich diese nun folgenden Botschaften schrieb, war es mir, als wenn jemand anders zu mir sprach, so, als wenn mein höherführendes Selbst mich leitete. Und wenn Sie jetzt offen sind für ein Leben in Erfolg UND Erfüllung, dann wird Sie auch Ihr höherführendes Selbst begleiten.

Es ist Ihr Buch!

Nur für die Besten: Erfolg UND Erfüllung

Was kann ich aus diesem Kapitel lernen und erkennen und für mein Leben in Erfolg UND Erfüllung umsetzen?

Gerti und Waldemar Trippen, 8227 Siegsdorf:

„Zeige mir einen, der eine schnelle Entscheidung treffen kann, und du zeigst mir immer einen Gewinner."

ALFRED R. STIELAU-PALLAS

DU HAST EIN GÖTTLICHES ERBE

Ihr diskutiert auf der Erde darüber, ob die Erbfaktoren einen größeren Einfluß auf eure Persönlichkeitsstruktur haben oder eure Erziehung und Umwelt. Die Biologen haben genau die entgegengesetzte Meinung der Psychologen, und ich sage dir, daß beides nur ein sehr kurzsichtiges Denken ist.

Du hast dir aufgrund deiner jahrtausendealten Lebensgeschichte eine ganz bestimmte Persönlichkeitsstruktur erworben und brauchst noch einige Lernprozesse, also Situationen, in denen du dich weiterhin auf deinem bereits eingeschlagenen Trend vervollkommnen kannst.

Aus diesem Grund hast du dir vor deiner Zeugung genau diese Eltern ausgesucht, die dich genau an diesem Ort, in dieser Umgebung, an diesem Tag und zu dieser Sekunde als ihr Kind angenommen haben, weil auch sie dich brauchten, um ihre Erfahrungen zu sammeln.

Und so können die Sterne auch nur den Einfluß auf dich nehmen, den du ihnen vorher gestattet hast. Und auch alle anderen Einflüsse hast du dir selbst gewählt, um deine eigenen Erfahrungen und Reifeprozesse laufen zu können.

Natürlich ist es nicht einfach für dich, dies immer anzunehmen, da du dich kaum noch daran erinnern und nur ganz langsam zu diesem Bewußtsein erwachen kannst; denn sonst würdest du mit dir selbst nicht mehr klarkommen. Sei geduldig genug, um zu akzeptieren, daß du dieses Wissen nur im gleichen Verhältnis zu deinem Reifewachstum wieder zurückerlangen kannst; denn du mußt erst zu einer stabilen Persönlichkeit wachsen, um dies alles positiv einordnen zu können.

Nur für die Besten: Erfolg und Erfüllung

Wenn du eines Tages erkennst, daß dich dein Schöpfer durch deine Eltern von Beginn an geliebt hat und stolz auf dich ist, dann ist dies ein Zeichen für dich, daß du beginnst, deinen eigenen kosmischen Weg zu gehen. Solange du noch den Eindruck von deiner Mutter hast, sie würde dich evtl. nicht lieben, und von deinem Vater meinst, er sei alles andere als stolz auf dich, stehst du noch unter dem Druck zu meinen, dich ändern zu müssen.

Aber ich möchte dir heute eine Möglichkeit geben, dein Bewußtsein zu klären und die Gedankenbilder zu korrigieren, die du von deinen Eltern aufgebaut hast. Sei ganz sicher, daß unser aller Schöpfer jeder Mutter die Liebe zu ihrem Kind mit auf den Weg gegeben hat – völlig unabhängig davon, ob sie dies zeigen kann oder nicht. Selbst, wenn eine ledige Mutter ihr Kind zur Adoption freigibt, dann tut sie dies nur, um für das Kind das Beste zu wollen. Und wenn sie ihr Kind schlägt, dann nur, weil sie selbst nie die Liebe gezeigt bekam, die sie gebraucht hätte, um heute ihrem Kind ihre Liebe zeigen zu können.

Aber es gibt keine Mutter, die nicht die Liebe für ihr Kind in ihrem Herzen hätte.

Ebenso gibt es keinen Vater, dessen Herz nicht mit Stolz erfüllt ist, wenn er sein Kind sieht. Es mag ihm zwar aufgrund seiner Vorgeschichte nicht gelingen, dies seinem Kind zu zeigen, und er kann sogar eifersüchtig reagieren, es schlagen oder mißachten, aber tief in seinem Herzen ist der Stolz des Vaters, der in seinem Kind schließlich einen Teil von sich weiterleben sieht.

Die Liebe deiner Mutter und der Stolz deines Vaters sind dein göttliches Erbe, und es liegt nun an dir, beides anzunehmen.

Alfred R. Stielau-Pallas

Die Meinung, die du von deiner Mutter hast, ist die Meinung, die du dir von ihr gemacht hast, und hat mit der Person, die deine Mutter wirklich ist, nicht unbedingt viel zu tun. Als Kind sahst du die Dinge anders als heute, und auch deine Mutter sieht die Dinge heute anders als früher. Deine Meinung, dein Bild oder die Gedanken, Gefühle und Vorstellungsbilder, die dich mit deiner Mutter verbinden, sind deine eigene Schöpfung, deine eigene Realität.

Die Meinung, die du von deinem Vater hast, ist die Meinung, die du dir von ihm gemacht hast, und hat mit der Person, die dein Vater wirklich ist, nicht unbedingt viel zu tun. Als Kind sahst du die Dinge anders als heute, und auch dein Vater sieht die Dinge heute anders als früher. Deine Meinung, dein Bild oder die Gedanken, Gefühle und Vorstellungsbilder, die dich mit deinem Vater verbinden, sind deine eigene Schöpfung, deine eigene Realität.

Und so kannst du heute die Gedankenwesen, die du dir von deinen Eltern in deiner Vorstellung erschaffen hast, selbst verändern, ohne deshalb deine Mutter oder deinen Vater ändern zu müssen. Du brauchst nicht einmal die Situationen gedanklich zu ändern, sondern nur die Betrachtungsweise in den erlebten Situationen. Du brauchst dir also nichts vorzumachen; denn du hast dir lange genug etwas vorgemacht.

Deine Mutter ist nicht die Mutter, so, wie du sie gesehen hast, sondern deine Mutter hat ihre eigene Realität.
Dein Vater ist nicht der Vater, so, wie du ihn gesehen hast, sondern dein Vater hat seine eigene Realität.
Ebenso bist du nicht wirklich der Mensch, für den deine Eltern dich halten oder gehalten haben, sondern du hast deine eigene Realität. Du bist es wert, geliebt zu werden,

und deine Mutter hat dich stets geliebt. Du bist es wert, daß man stolz auf dich ist, und dein Vater war stets stolz auf dich!

Laß dieses Bild nun in deiner eigenen Vorstellung zu, anstatt zu meinen, daß du ein Recht darauf hast, das alte Bild von deinen Eltern für den Rest deines Lebens aufrechterhalten zu müssen. Natürlich ist es dein freier Wille, was du glaubst und welche Gedankenwesen du erschaffst und erhältst. Aber wenn du dein göttliches Recht annehmen willst, dann bist DU gefragt. Es ist deine eigene freie Entscheidung, wie du heute deine Eltern sehen willst, und ich zeige dir deine Eltern jetzt einmal so, wie sie tatsächlich waren. Schau zu diesem Bildschirm. Hier sind das Hohe Selbst deiner Mutter und das Hohe Selbst deines Vaters, die gern mit dir sprechen möchten.

„Hallo, wir freuen uns, daß du nun offen bist, um die Wahrheit zu erfahren, die dich freimachen kann, wenn du es willst.

Bitte mach dir bewußt, daß du dich heute auch nicht immer so verhältst, wie du es gern möchtest, daß du zwar weißt, was du tun solltest, aber es nicht immer tust.

Ebenso erging es deiner Mutter. Zusätzlich wußte sie nicht einmal genau, was für dich richtig und wichtig ist, und konnte so nur tun, was sie selbst für richtig hielt und was ihre eigene Erziehung, ihr eigenes Vorstellungsbild von dem, was richtig und wichtig ist, zuließ.

Sie hätte dir gern ihre uneingeschränkte Liebe noch mehr gezeigt, aber sie konnte sich nur so verhalten, wie es ihre eigene Persönlichkeitsstruktur zuließ. Aber sei dir gewiß, sie hat dich stets so geliebt, wie eine Mutter ihr Kind liebt.

Ebenso erging es deinem Vater. Zusätzlich wußte er nicht

einmal genau, was für dich richtig und wichtig ist, und konnte so nur tun, was er selbst für richtig hielt und was seine eigene Erziehung, sein eigenes Vorstellungsbild von dem, was richtig und wichtig ist, zuließ.

Er hätte dir gern deutlicher gesagt, daß er stolz auf dich ist, aber er konnte sich nur so verhalten, wie es seine eigene Persönlichkeitsstruktur zuließ. Aber sei dir gewiß, er war stets so stolz auf dich, wie ein Vater auf sein Kind stolz ist.

Und wenn du dir dies nun mehr als nur einmal bewußtmachst, dann wird dir immer klarer, daß du wirklich die Eltern und die Umgebung gehabt hast, die dich zu der Persönlichkeit wachsen ließen, die du heute bist, und alles hatte seinen guten Grund.

So, wie du heute bist, bist du für heute okay; denn du paßt mit deiner Persönlichkeitsstruktur genau zu deiner heutigen Aufgabe. Und dein Wunsch, dich zu ändern, hat den Grund, damit du morgen zu deiner morgigen Aufgabe passen wirst. Du bist ein vollwertiges und unersetzbares Mitglied der kosmischen Gemeinschaft und darfst heute mit dem, was du heute tust und bist, deinen Platz in der Schöpfung ausfüllen.

Du selbst darfst dein göttliches Erbe annehmen und dir ein neues Bild deiner Eltern schaffen. Das Bild, das du heute von deinen Eltern hast, ist deine eigene Schöpfung – so, wie das alte Bild deine eigene Schöpfung war.

Nimm deinen Platz auf diesem Planeten ein, und sei einfach du selbst. Du brauchst keine Rolle zu spielen, sondern nur zu sein. Gib heute das, was du heute als dein Bestes ansiehst, und du wirst mehr und mehr erkennen, daß du auch dein heutiges Bestes annehmen darfst.

Kehre zurück in dein Tagesbewußtsein, und sei dir der

Nur für die Besten: Erfolg und Erfüllung

Liebe deiner Mutter und des Stolzes deines Vaters bewußt. Wir alle lieben dich und wünschen dir ein erfülltes Leben. Nimm unseren Segen mit für dich und für deinen Planeten, der dir ein wunderbarer Platz für dein zukünftiges Leben sein wird.

Denk daran: Du bist die geliebte Schöpfung deines Schöpfers."

Was kann ich aus diesem Kapitel lernen und erkennen und für mein Leben in Erfolg UND Erfüllung umsetzen?

Hans-Peter Vagt, 2000 Hamburg 71:

„Alles und jeder trägt dazu bei, mich weiterzubringen! Und indem ich alles und jeden liebe, trage ich dazu bei, andere weiterzubringen!"

NUR FÜR DIE BESTEN: ERFOLG UND ERFÜLLUNG

REFLEXIONEN

Ich bin also die geliebte Schöpfung meines Schöpfers. Ich kann mir also dessen sicher sein, daß meine Mutter mich stets liebte und mein Vater stolz auf mich war und ist.
Plötzlich bekommen viele Situationen eine neue Bedeutung. Ich bin es, der den Situationen die Bedeutung gibt! Ich habe es selbst in der Hand, mich als Verlierer oder als Gewinner zu sehen! Ich kann mit meiner Art und Weise, die Dinge zu betrachten, selbst bestimmen, wie ich mich fühle!
Ich brauche niemanden zu ändern, da sich allein damit auch nichts ändern würde. Ich brauche keine Situationen verfluchen, sondern nur meine Einstellung zu diesen Situationen ändern.

Ich kann also mit meiner Bedeutungsgebung, meiner Betrachtungsweise, meiner Einstellung meine Vergangenheit »ändern«, ohne sie wirklich ändern zu müssen!

Die meisten wirklich großen Menschen kommen aus einfachen, ja ärmlichen Verhältnissen. Die meisten großen Menschen hatten extreme Schwierigkeiten in ihrem Leben, die sie zu überwinden hatten. Aber sie betrachteten ihre Schwierigkeiten nicht als Steine, die ihnen von anderen in den Weg gelegt worden waren, sondern als notwendige Lernprozesse.

Auch ich will ab heute meine Schwierigkeiten als jeweilige Generalprobe für den nächstgrößeren Auftritt betrachten und den Dingen somit die Bedeutung geben, die ihnen zukommt, damit ich daraus weitere Tat-Energie für mich gewinnen kann.

Nichts und niemand ist gegen mich, sondern alle tragen dazu bei, mich weiterzubringen!
Ich bin die geliebte Schöpfung meines Schöpfers und werde heute wieder darauf achten, daß mein Schöpfer sich wirklich persönlich um mich kümmert – so, als gäbe es für ihn nur mich auf dieser Welt.
Jeder andere, der dieselbe Einstellung einnimmt, hat ein Recht darauf, ebenso zu denken!
Ich bin die geliebte Schöpfung meines Schöpfers!
Ich weiß nun, daß alles, was geschieht, für mich geschieht und mich fördert. Alles trägt zu meinem Wachstum bei. Alles trägt zu meinem Erfolg bei, und alles trägt zu meiner Erfüllung bei, wenn ich nur bereit bin, täglich mein Bestes zu geben und für das Beste offen zu sein.
Warum habe ich eigentlich so viele Jahre gewartet und mir das Leben schwerer gemacht, als es hätte zu sein brauchen? Aber auch das war nötig, um mich reifen und wachsen zu lassen; denn ich bin die geliebte Schöpfung meines Schöpfers.
Nun weiß ich, daß ich innerlich frei bin!
Ich kann die Liebe meiner Mutter und den Stolz meines Vaters spüren. Und allein damit, daß ich beides jetzt in meinen Gedanken annehmen kann, erlöse ich mich von den Fesseln, in denen ich mich selbst gefangen hielt.
Ich bin in liebevoller, demütiger Dankbarkeit für mein traumhaftes Leben in märchenhafter Freiheit und Unabhängigkeit!

Nur für die Besten: Erfolg UND Erfüllung

Was kann ich aus diesem Kapitel lernen und erkennen und für mein Leben in Erfolg UND Erfüllung umsetzen?

Dieter Weiner, 8450 Amberg, WVG-Vertriebsorganisation, Direktion Amberg:

„Und siehe, es war gut!"

ALFRED R. STIELAU-PALLAS

ERFOLG

Suche nicht nach Erfolg, solange du die Erfolgreichen kritisierst, beneidest oder gar verachtest, du würdest nur dich selbst kritisieren, verachten oder es dir nicht gönnen, mit deinem Erfolg glücklich zu sein. „Der Weg derjenigen, die ins Himmelreich finden, ist schmal", sagte euer geistiger Führer, und ihr habt ihn nicht verstanden.

Erfolg hält euch nicht vom Reich Gottes ab, sondern Erfolg ist sogar der Schlüssel für viele. Gerade in eurem Land ist Erfolg ein Schlüssel zum Reich Gottes, wenn ihr gelernt habt, mit dem Erfolg richtig umzugehen.

Mit Erfolg könnt ihr euch heute viel Freiheit, viel Unabhängigkeit und die Umgebung leisten, die es euch leichtmacht, positiv zu denken.

Warum lebt ihr in Armut, wo es euch doch viel schwerer fällt, positive Gedanken zu pflegen?

Warum verschuldet ihr euch, wo es euch doch unfrei macht?

Warum geht ihr Verpflichtungen ein, die euch doch nur unfrei machen?

Wenn ihr schon nicht die Möglichkeiten nutzt, die euch euer reichstes Land der Erde bietet, wie sollten es andere schaffen?

Euer Schöpfer will euch reich, frei und unabhängig sehen, damit ihr für all die anderen Wesen Mut, Hoffnung und Zuversicht sein könnt.

Viele von euch warten darauf, eine große Aufgabe übertragen zu bekommen und warten und warten und warten ...

Meint ihr wirklich, euer Schöpfer wird denjenigen eine

große Aufgabe übertragen, die nichts gelernt haben als zu warten?
Wer eine große Aufgabe übernehmen will, muß sich vorbereitet haben. Habt ihr denn das Gleichnis der zehn Bräute nicht verstanden?
Wer nicht vorbereitet ist, kann auch nicht bereit sein.
Wie willst du anderen helfen, wenn du selbst der Hilfe bedarfst?
Kann denn ein Blinder den anderen Blinden führen?
Kann denn ein Armer den anderen Armen zu Reichtum führen.?
   Erfolg bietet dir die Möglichkeit, dein Leben auf der Sonnenseite zu verbringen.
Er bietet dir die Chance, von den Abhängigen zu den Unabhängigen zu gelangen.
Er bietet dir die Chance, von den Unfreien zu den Freien zu gelangen.
Er bietet dir die Chance, dir selbst zu helfen, damit du anderen zeigen kannst, wie sie sich selbst helfen können.
   Mach dir klar, daß du in diesem Leben die wunderbare Chance bekommen hast, im Erfolg zu leben. Du bist in diesem Leben ein Auserwählter. Wäre es nicht undankbar von dir, wenn du diese Chance nicht nutzen würdest? Wie willst du es jemals schaffen, wenn du es in diesem Land voller Möglichkeiten nicht schaffst?
   Erfolg bietet dir die Möglichkeit, dir deine Umgebung zu wählen, damit du es leicht hast, dir die schönsten, besten und edelsten Gedankenwesen zu schaffen, die es dir erleichtern, deine Schwingungsebene zu erhöhen und damit immer stärker im Bewußtsein der Liebe und des guten Willens zu leben.

Wenn du nie im Erfolg gelebt hast, wirst du all die Lernprozesse, die der Erfolg mit sich bringt und die für deine Entwicklung notwendig sind, in diesem Leben nicht erfahren.
Wie willst du lernen, dich nicht vom Geld besitzen zu lassen, wenn du nie Geld besessen hast?
Wie willst du lernen, auch dann deine Demut zu erhalten, wenn du nie die Prüfung der Überheblichkeit absolviert hast?
Wie willst du wissen, was es heißt, verantwortungsvoll mit Geld umzugehen und auch dann das zu tun, was du für richtig hältst, wenn dich andere wegen deines Erfolges kritisieren?
Wie willst du all dies und noch viel mehr erfahren, wenn du nie wirklich im Erfolg gelebt hast?
Oh, natürlich, es ist ja so einfach, sich um den Erfolg zu drücken.
Du kannst dich hängenlassen, du kannst die Erfolgreichen kritisieren, du kannst nach Hilfe rufen, du kannst weiter in deinem Trott bleiben, du kannst weiter auf Kredit leben, du kannst weiter ziellos bleiben, du brauchst kein Selbstvertrauen aufzubauen, keine Entscheidungen zu treffen, dir nur Freunde suchen, die dir recht geben, anstatt dich der Kritik auszusetzen, dich von anderen motivieren lassen, anstatt dich selbst zu motivieren, anderen die Schuld geben, anstatt selbst die Verantwortung zu übernehmen, du kannst dich weiterhin feige drücken, anstatt das zu tun, was zu dir paßt, und du kannst immer dann aufgeben, wenn dein Durchstehvermögen gefordert würde.
Und obendrein kannst du dich noch als besserer Mensch fühlen, der nicht so schlecht ist wie alle die Erfolgreichen,

die andere angeblich nur ausbeuten, nur egoistisch durchs Leben gehen und innerlich leer und kalt bleiben.

Ab jetzt hast du keine Ausrede mehr; denn du hast diese Botschaft bis hierher gehört.

Es ist ab heute deine Aufgabe, erfolgreich **und** glücklich zu sein.

Es ist ab heute deine Aufgabe, erfolgreich **und** demütig zu sein.

Es ist ab heute deine Aufgabe, erfolgreich **und** liebevoll zu sein.

Es ist ab heute deine Aufgabe, erfolgreich **und** verantwortungsvoll zu sein.

Es ist ab heute deine Aufgabe, erfolgreich **und** großmütig zu sein.

Es ist ab heute deine Aufgabe, erfolgreich **und** fürsorgend zu sein.

Es ist ab heute deine Aufgabe, erfolgreich **und** erfüllt zu sein.

Es ist ab heute deine Aufgabe, erfolgreich **und** dankbar zu sein.

Es kommt nur der Reiche nicht in den Himmel, und damit ist der Bewußtseinszustand gemeint, der über seinen Erfolg vergißt, glücklich, demütig, liebevoll, verantwortungsbewußt, großmütig, fürsorgend, erfüllt und dankbar zu sein. Wie willst du es lernen, wenn du dich vor dem Erfolg drückst?

So viele haben es geschafft, die weniger gute Voraussetzungen hatten als du. Der einzige Grund, warum du es noch nicht geschafft hast, liegt in deinem eigenen Bewußtsein. Es ist die Angst, die damit verbundenen Prüfungen nicht bestehen zu können. Aber solange du nicht damit beginnst, das

Gute an den Erfolgreichen zu sehen, solange stehst du dir selbst im Weg. Sieh es doch einmal so, daß die Erfolgreichen, die nicht so sind, wie sie eigentlich sein sollten, gerade dabei sind, ihre Prüfungen abzulegen. Einige bestehen sie, und andere fallen durch.

Aber solange du dich um den Erfolg drückst, hast du dich nicht einmal zur Prüfung angemeldet. Du lebst in diesem Leben, in diesem Land und hörst heute diese Worte, weil du nun reif bist, dich auf deine nächste Aufgabe vorzubereiten. Und du kannst sie nur erfüllen, wenn du dich mit Erfolg darauf vorbereitet hast.

Erfolgreich zu werden, nur um Geld zu horten, ist der falsche Weg.
Erfolgreich zu werden, um dein Ego zu befriedigen, ist nur der halbe Weg.
Erfolgreich zu werden, nur um es den anderen zu zeigen, ist nicht dein Weg.
Erfolgreich zu werden, um dir damit Sicherheit zu erhoffen, ist ein trügerischer Weg.
Erfolgreich zu werden, um Macht ausüben zu können, ist ein gefährlicher Weg.
Erfolg bietet dir die leichteste Möglichkeit zur Demut.
Erfolg bietet dir die leichteste Möglichkeit zur Freiheit.
Erfolg bietet dir die leichteste Möglichkeit zur Unabhängigkeit.
Erfolg bietet dir die leichteste Möglichkeit, freie Entscheidungen zu treffen.
Erfolg bietet dir die leichteste Möglichkeit, die höchsten, besten und edelsten Ziele zu erreichen.

Wähle den Erfolg, um anderen zu dienen, um anderen Mut, Hoffnung und Zuversicht zu vermitteln, damit es ihnen leichterfällt, ihr Leben in Armut zu ertragen und sich eines Tages auch aufzutun, um den Erfolg zu wählen, der ihnen all die Möglichkeiten bietet, die du nun für deine Reifeentwicklung nutzen willst.

Sei ein Wohltäter der Menschheit, und erfülle deine Pflicht, dein Leben in Erfolg und Erfüllung zu verbringen zum Segen für deine Schwestern und Brüder, die dich vielleicht heute dafür kritisieren, aber morgen verstehen und dir dankbar sein werden, daß du ihnen den Weg zu Erfolg und Erfüllung vorgelebt hast.

Trage ab jetzt die Entscheidung in deinem Herzen, dein Leben auf der Sonnenseite zu verbringen und alles dafür zu tun, um im Erfolg, in Liebe, in Demut, in Erfüllung und in Dankbarkeit deinen Weg für und mit der Menschheit zu gehen.

Was kann ich aus diesem Kapitel lernen und erkennen und für mein Leben in Erfolg UND Erfüllung umsetzen?

Würzburger Unfall-Versicherungs-Aktiengesellschaft, 8700 Würzburg:

„Alles und jeder trägt dazu bei, mich weiterzubringen."

NUR FÜR DIE BESTEN: ERFOLG UND ERFÜLLUNG

REFLEXIONEN

Dies ist mein Buch! So, wie ich dieses Buch lese, liest es kein anderer Mensch auf dieser Welt. Jeder Satz, ja, jedes einzelne Wort löst allein in mir diese Gefühle aus, die es in mir auslöst.

Das, was ich unter Erfolg verstehe, was mir wichtig ist, was ich als erstrebenswert ansehe, hat nur etwas mit mir ganz persönlich zu tun.

Deshalb brauche ich mich nicht an anderen zu messen oder die Erfolge anderer als Maßstab für mich zu nehmen. Ich habe meine eigenen Maßstäbe, die zu meinen Fähigkeiten, Talenten, Anlagen und Zielen passen.

Nur die Ziele, die für mich realistisch und erreichbar sind, mich dennoch motivieren und mir sinnvoll erscheinen, sind meine Ziele. Sie zu erreichen, ist mein Erfolg.

Erfolg bedeutet nicht unbedingt, mich über das Mittelmaß der Masse zu erheben, sondern meine eigene Mittelmäßigkeit hinter mir zu lassen und jeden Tag erneut mein Bestes zu geben.

Erfolg bedeutet auch nicht, mich über den gestrigen Tag zu ärgern, sondern ihn als Ansporn für den heutigen Tag zu nehmen.

Erfolg ist etwas ganz Persönliches, und nur ich kann beurteilen, wie erfolgreich ich bin. Nur ich selbst kann mich als Gewinner oder als Verlierer fühlen.

Erfolg heißt auch: zu entspannen, fit zu sein, Zeit zu haben, zu genießen, zu leben, zu lernen, zu lachen und zu erleben.

Dieses Buch ist mein Buch!

Ich lese es wie kein anderer außer mir. Und ich kann es so lesen, wie ich es lesen will, und ich will es als Gewinner, als Sieger lesen. Ja, ich will dieses Buch noch einmal lesen und mich vorher klar dazu entscheiden, es als Sieger zu lesen. Ich will alles in dem Bewußtsein lesen, daß alles dazu beiträgt, mir zu helfen, meinen Erfolg zu haben. Ich will alles so lesen, als wäre ich bereits in dem Erfolg, der mir vorschwebt, und als wäre dieses Buch nur eine Bestätigung dafür.

Siegen und gewinnen heißt nicht, daß andere verlieren müssen, sondern es heißt für mich, daß ich mit anderen gewinne und mit anderen siege.

Dieser Tag ist mein Tag!
Ich erlebe diesen Tag wie kein anderer außer mir, und ich kann ihn so leben, wie ich ihn leben will, und ich will diesen Tag heute als Gewinner und Sieger leben.

Ja, ich will mich jeden Morgen zuerst dafür entscheiden, daß es ein erfolgreicher Tag für mich wird. Und dann werde ich alles wahrnehmen, was ich an diesem Tag als Erfolg für mich betrachten kann.

Dieses Leben ist mein Leben!
Und ich lebe dieses Leben wie kein anderer außer mir, und ich kann es so leben, wie ich es leben will. Deshalb will ich mein Leben als Sieger und Gewinner leben. Ja, ich habe alles, was ich brauche, um mein Leben so zu leben, daß ich es als ein erfolgreiches Leben betrachten kann.

Zu gewinnen und zu siegen heißt: sich selbst zu besiegen! Je mehr ich auf andere reagiere, um so unfreier bin ich. Deshalb will ich heute agieren. Ich will heute die Dinge selbst in die Hand nehmen! Heute will ich meine eigenen Entscheidungen treffen, anstatt darauf zu warten, was andere tun.

Heute besiege ich mein altes Selbst und lasse mein neues,

mein heutiges Selbst voll zur Entfaltung kommen. Ich brauche deshalb nicht zu kämpfen, ich brauche nur das Hervorkommen zu lassen, was heute für mich angesagt ist.

Ich brauche nicht jeden Tag ein anderer zu sein, sondern jeden Tag ein Neuer. Ich baue auf all meinen alten Erfahrungen auf und nutze alle meine Fähigkeiten, um sie heute neu einzusetzen.

Alles und jeder trägt dazu bei, mich weiterzubringen; denn völlig gleich, wie man mir begegnet, es wird ein Gewinn für mich sein. Es kommt nur auf meine eigene Betrachtungsweise, auf meine Einstellung und auf meine ganz persönliche Art und Weise an, den Situationen ihre Bedeutung zu geben.

Ja, ich kann mich wirklich zu den Besten zählen; denn ich bin ernsthaft an meinem Weiterkommen interessiert und werde mich heute nicht auf meine Probleme, sondern auf meine Möglichkeiten konzentrieren.

Ich werde heute nicht darauf achten, wie ich andere ändern kann, sondern bestrebt sein, mich selbst so zu ändern, daß ich mit mir zufrieden bin.

Ich mache mir heute bewußt, daß ich die geliebte Schöpfung meines Schöpfers bin, der mich gern glücklich, erfolgreich und erfüllt sieht.

Ich werde heute ändern, was zu ändern ist, geschehen lassen, was nicht zu ändern ist, und im Laufe der Erfahrungen immer deutlicher erkennen, was zu ändern ist und was nicht.

Ich werde heute, so wie jetzt, in diesem oder einem anderen Buch lesen, um mich aufzubauen, mich auf das Wünschenswerte und Konstruktive in meinem Leben auszurichten.

Ich werde heute darauf achten, ob jemand meine Hilfe benötigt, und bereit sein, wenn man mich braucht.

Alfred R. Stielau-Pallas

Ich achte heute auf mein äußerliches Image und auch auf mein Selbstimage und werde also gut über mich denken und mich entsprechend kleiden und entsprechend auftreten.

Ich werde heute mein Bestes geben und auch die Dinge erledigen, die ich gern vor mir herschiebe, damit ich systematisch Ordnung in mein Leben bekomme, um genügend Energie für größere Aufgaben freizuhaben.

Ich werde mir heute kleine Ziele stecken und meine Zeit planen, damit ich zu Ruhe und Gelassenheit komme, um auch in unerwarteten Situationen noch Energiereserven zu haben.

Ich werde heute darauf achten, daß sich mein Schöpfer um mich kümmert, und viele Kleinigkeiten wahrnehmen, die mir zeigen, daß ich seine geliebte Schöpfung bin.

Ich werde mich heute auf das konzentrieren, was für mich heute machbar ist, und es auch tun. Jeder große Erfolg setzt sich aus vielen kleinen Schritten zusammen, und niemals muß ich alle Schritte an einem Tag gehen. Doch ich werde die Schritte heute gehen, die ich heute gehen kann, auch wenn sie mir noch so unbedeutend erscheinen mögen.

Dieses Leben ist mein Leben!

NUR FÜR DIE BESTEN: ERFOLG UND ERFÜLLUNG

Was kann ich aus diesem Kapitel lernen und erkennen und für mein Leben in Erfolg UND Erfüllung umsetzen?

Erwin Zimmermann, 7909 Dornstadt, HMI-Organisation:

„Das Ziel bestimmt das Ergebnis!"

ERFÜLLUNG

Viele von euch meinen, daß Erfüllung auf einen zukommt, sozusagen als Geschenk Gottes für Privilegierte. Nun, das ist nicht ganz falsch; denn alles, was ihr erfahren dürft, ist irgendwo ein Geschenk Gottes. Aber ihr müßt endlich lernen, euch auch würdig zu fühlen, da euch euer Unterbewußtsein sonst die Annahme verweigert.

Es geht also nicht darum, daß ihr der göttlichen Liebe nicht wert seid, sondern darum, daß ihr euch ihrer nicht wert fühlt, wenn ihr euch nicht darauf vorbereitet, euch sozusagen reiniget, wie es manchmal genannt wird. Natürlich hat dies nichts mit rein und unrein im herkömmlichen Sinn zu tun, sondern mit sich rein, wertvoll und liebenswert fühlen.

Während meiner ersten Botschaft an dich sollte es dir gelungen sein, dich der Liebe wert zu fühlen, indem du das Gedankenwesen, das du dir von deiner Mutter geschaffen hattest, dahingehend korrigiert hast, daß deine Mutter dich immer liebte und liebt.

Während meiner zweiten Botschaft an dich sollte es dir gelungen sein, dich dem Erfolg und dem Reichtum zu öffnen und alles Gute daran zu sehen.

Nun geht es darum, dich des Reichtums wert zu fühlen und das zu tun, was notwendig ist, den Reichtum in dein Leben eintreten zu lassen, und gleichzeitig das zu tun, was dich erfüllt.

»Ich erfülle, was mich erfüllt«,
ist das Geheimnis eines ausgeglichenen erfüllten Lebens.
ER füllt, das ist richtig, aber nur, wenn du dich erfüllen läßt!
»Ich erfülle, was mich erfüllt!«

Nur für die Besten: Erfolg UND Erfüllung

Kennst du den Unterschied zwischen Spaß und Erfüllung?
Spaß kannst du in und mit vielen Dingen haben, mit einem Auto, mit einem Tag in einem Vergnügungspark, mit einem Glas Bier im Kreis von Freunden, mit was auch immer.

Aber Erfüllung geht tiefer. Erfüllung hat etwas damit zu tun, daß du in der Fülle lebst, daß du im Augenblick nichts lieber tun würdest als das, was du gerade tust, und daß du im Hier und Jetzt das annimmst, was du hier und jetzt hast.

> Spaß ist, sich zu freuen,
> wenn man bekommt, was man will.
> Erfüllung dagegen ist zu erkennen,
> daß man will, was man bekommt.

Mit anderen Worten: Jeder hat seine ganz besonderen Anlagen und Talente, und daraus ergeben sich für ihn ganz bestimmte Notwendigkeiten, die er zu bekommen und zu erleben hat, damit er genau diese seine Aufgabe in der für ihn eigenen und besonderen Art erfüllen kann.

Wer nur oberflächlich lebt und Spaß sucht, wird sich an der äußeren Welt orientieren, er wird sehen, was anderen Spaß macht und es auch haben wollen.

Wer dagegen mehr in der Tiefe seines Seins lebt, um herauszufinden, was zu seiner Persönlichkeit, zu seinem Lebensstil, zu seiner Art paßt, der wird das, was er bekommt, als sinnvolle Ergänzung, als liebevolle Hilfe und als hilfreiche Unterstützung annehmen können.

Du wirst Erfüllung erleben, wenn du das tust, was dich erfüllt. Und um dies zu tun, brauchst du auf kein Geschenk, auf keine Gelegenheit zu warten, sondern du kannst es gleich hier und jetzt tun.

Wenn du einmal aufschreibst, wofür du dankbar bist (z. B. jetzt gleich), dann wirst du sehen, daß du etwas tust, was dich erfüllt. Und wenn du dir dann anschaust, was dich wirklich glücklich macht, was dir wirklich wichtig ist, dann wirst du schon besser wissen, was dich erfüllt.

Richte dein Leben immer stärker auf die Dinge aus, die dich wirklich erfüllen, anstatt die Zeit mit oberflächlichem Genuß zu vergeuden. Heute kannst du damit beginnen, und morgen kannst du den nächsten Schritt unternehmen und jeden Tag wieder und wieder.

Dein Leben besteht nur aus der Summe der vielen Heute, und je öfter du am heutigen Tag die Dinge tust, die dich erfüllen, um so erfüllter wird dein ganzes Leben sein.

Sei du selbst, und nimm dich für heute so an, wie du heute bist, und morgen ist ein anderes Heute.

Wenn du das Gefühl hast, schreiben zu müssen, dann schreibe.

Wenn du das Gefühl hast, malen zu müssen, dann male.

Wenn du das Gefühl hast, windsurfen zu müssen, dann geh windsurfen.

Wenn du das Gefühl hast, arbeiten zu müssen, dann arbeite.

Das Problem beginnt, wenn du schreibst, um berühmt zu werden, wenn du malst, um anerkannt zu sein, wenn du windsurfst, weil es andere auch tun, und wenn du arbeitest, nur um Geld zu verdienen.

Tu, was du tust, weil du es gern tust oder weil es notwendig ist, damit du tun kannst, was du gern tust.

Die Erfüllung, die meiste Zeit des Tages mit dem zu verbringen, was dich erfüllt, kommt dann, wenn du deine vier Pflichtübungen erfüllt hast. Wenn du dich also selbst ernähren kannst, dies sinnvoll abgesichert hast, deinen sozialen

Nur für die Besten: Erfolg und Erfüllung

Beitrag leistest und der Gesellschaft zurückgibst, was sie dir gab, und genug Macht und Einfluß hast, anderen ein Vorbild zu sein.

Fast jede Hausfrau und Mutter erfüllt diese vier Pflichten. Sie sorgt für die Ernährung der Familie, kümmert sich darum, daß auch für morgen gesorgt ist, erfüllt ihre soziale Pflicht in der Familie, den Schulangelegenheiten usw., und ist Vorbild für ihre Kinder, vielleicht sogar für ihren Mann. Nun kann allein die Aufgabe mit den Kindern schon Erfüllung sein.

Warum gibt es erfüllte Frauen, die sich mit ihrer Familie beschäftigen, und unerfüllte, obwohl sie erfolgreich im Beruf sind?

Warum gibt es erfüllte Männer, die sich ihrer Familie widmen, und unerfüllte, obwohl sie erfolgreich im Beruf sind? Nicht die Tätigkeit selbst garantiert die Erfüllung, sondern die Einstellung, mit der wir diese Tätigkeit ausüben.

Die Voraussetzung für die Erfüllung ist eine aufrichtige Lebenseinstellung, nach dem Höchsten, Besten und Edelsten zu streben. Und diese Lebenseinstellung läßt keine Unehrlichkeit, keine Unaufrichtigkeit, keine faulen Kompromisse, einfach nichts zu, was gegen die eigenen ethischen Richtlinien geht. Das bringt Erfüllung!

Erfüllung ist, sich wohl zu fühlen, wenn du dir treu geblieben bist. Nicht stur, denn Sturheit ist Rechthaberei, ohne dabei ein sinnvolles und lohnenswertes Ziel zu verfolgen.

Erfüllung ist dieser tiefe innere Friede, etwas getan oder auch abgelehnt zu haben, damit du mit deiner eigenen Persönlichkeit übereinstimmst.

Erfüllung ist das Resultat eines Lebensstiles, bei dem es dir darum geht, ethische Werte über materielle Werte zu stellen, damit du immer vor dir selbst bestehen kannst, damit du dir immer selbst mit Achtung und Selbstrespekt begegnen kannst.

Aber hüte dich vor Selbstgerechtigkeit, und hüte dich davor, andere Menschen zu beurteilen oder gar zu verurteilen, nur, weil es ihnen besser geht als dir.

Zur Erfüllung gehört auch, daß du andere so akzeptierst, wie sie sind; denn sie haben andere Talente, andere Fähigkeiten, andere Ziele und andere Aufgaben als du. Ihr könnt andere nicht nur nach ihren Verhaltensweisen beurteilen; denn ein und dieselbe Verhaltensweise kann in einem völlig verschiedenen Bewußtsein völlig verschiedene Bedeutungen haben. Du magst jemanden als geizig ansehen, der vielleicht sehr verantwortungsvoll mit seinem Geld umgeht. Du magst jemanden als großzügig ansehen, der vielleicht sein Geld verantwortungslos verplempert.

Lenke deine Aufmerksamkeit in erster Linie auf dein eigenes Leben. Schau dir an, was zu dir paßt, was dich erfüllt, was deine Stärken, Talente und Fähigkeiten sind, und tu das, was dazu beiträgt, dich an das Höchste, Beste und Edelste glauben und danach streben zu lassen.

Begreife, daß jeder einzelne auf diesem Planeten heute so ist, wie er heute ist, damit der ganze Planet heute so sein kann, wie er heute ist.

Erfülle heute, was dich erfüllt!

NUR FÜR DIE BESTEN: ERFOLG UND ERFÜLLUNG

Was kann ich aus diesem Kapitel lernen und erkennen und für mein Leben in Erfolg UND Erfüllung umsetzen?

Gisela Pallas, Pauanui Beach, New Zealand:

„Mit Gott sind alle Dinge möglich."

Alfred R. Stielau-Pallas

HEUTE

In genau acht Tagen fliege ich nach Deutschland. Das Vier-Tage-Intensiv-Seminar, also das Haupttraining vom Spielregel-Programm ist ausgebucht, fünf neue Seminarleiter wollen ausgebildet werden, die Erfolgspartner werde ich in den einzelnen Gebieten in einem Forum treffen und werde ihnen den Wettbewerb zum „PALLAS-Erfolgspartner des Jahres" vorstellen, von denen die Besten mit mir zur Jahrtausendwendfeier in Pauanui Beach sein werden.

Gut 15 Jahre ist es her, daß ich bei MZE saß und eine Chance bekam. Diese Chance kostete damals 6000 Mark plus Mehrwertsteuer. Ich habe diese Chance wahrgenommen, auch weil Karl Vietje davon überzeugt war, daß sich diese Investition in mich selbst bezahlt machen würde. Er glaubte damals an meine Möglichkeiten, und ich konnte ihm zeigen, daß sein Glaube an mich gerechtfertigt war.

Um allerdings 15 Jahre lang an mir zu arbeiten und immer wieder neue Ziele zu haben und daran zu glauben, daß mich dieser Planet braucht, das habe ich meiner Frau zu verdanken, die immer an mich und unsere gemeinsame Aufgabe glaubte, und ich konnte ihr zeigen, daß ihr Glaube an mich gerechtfertigt war.

Darauf bin ich nicht in erster Linie stolz, sondern bin in liebevoller, demütiger Dankbarkeit, mein Leben in märchenhafter Freiheit und Unabhängigkeit verbringen zu dürfen.

Und nun zu Ihnen.
Ich glaube an Sie!
Ich glaube daran, daß Sie aus Ihrem Leben noch viel mehr machen können.

Nur für die Besten: Erfolg UND Erfüllung

Ich glaube daran, daß Sie Ihren eigenen Lebensstil und damit Ihre ganz persönliche märchenhafte Freiheit und Unabhängigkeit finden können.

Und ich wünsche Ihnen, daß Sie dieses Buch solange wieder und wieder durchlesen, bis Sie auch all das gefunden haben, was zwischen den Zeilen steht.

Sorgen Sie jeden Tag dafür, daß – völlig unabhängig von dem, was Sie gerade tun – Sie stets Ihr Bestes geben; denn damit schaffen Sie sich Ihr ganz persönliches Anrecht auf:

Erfolg UND Erfüllung!

Und nun noch einmal zu mir.

Es ist Flut, die Sonne scheint, der Wind bläst, das Buch ist fertig, also gehe ich windsurfen.

Allerdings sollten Sie auch wissen, daß ich bereits seit 5.00 Uhr im Büro vor dem Computer sitze . . .

Herzlichst Ihr

Alfred R. Stielau-Pallas

Pauanui Beach, April 1989

Liebe Leserin, lieber Leser,

besten Dank für Ihr Vertrauen, das Sie mir mit dem Kauf dieses Buches entgegengebracht haben. Als Autor freue ich mich natürlich darüber, daß Sie sich die Zeit nehmen, sich mit geistigem Gedankengut zu beschäftigen, das Ihnen Möglichkeiten aufzeigen wird, Ihr Leben noch sinn- und gehaltvoller zu gestalten.

Meine Erfahrung des letzten Jahrzehnts hat mir gezeigt, daß die einzige Möglichkeit, auch als einzelner einen Beitrag zur positiven Entwicklung dieses Planeten zu leisten, die ist, sich an erster Stelle selbst positiv zu entwickeln.

Im Folgenden können Sie schnell erkennen und entscheiden, welche Bücher, Cassetten oder Seminare Ihnen die Antworten, Blickpunkte oder auch Bestätigungen geben, die Sie für Ihren jetzigen Entwicklungsstand wünschen. Haben Sie auch schon die Erfahrung gemacht, daß, etwas zu kennen, noch nicht gleichzeitig heißt, es auch zu wissen, und noch lange nicht, es auch täglich zu tun?

Ich wünsche Ihnen nun den intuitiven Impuls, um genau das Werk zu bestellen, das Ihnen in Ihrer jetzigen Situation den Blickpunkt gibt, den Sie sich wünschen und gebrauchen können.

Mit allen guten Wünschen für Sie,
herzlichst

Alfred R. Stielau-Pallas

Pauanui Beach, im Juli 1989

PALLAS Seminare

DIE ZEHN GEBOTE FÜR IHREN ERFOLG
(Alfred R. Stielau-Pallas)

Heute würde ich dieses Buch nicht mehr schreiben; denn es enthält viele persönliche Dinge von mir, und ich habe mich manchmal gefragt, ob das den Leser überhaupt interessiert. Der Verlag ist jedoch ganz anderer Meinung; denn dieses Buch hat die beste Leser-Resonanz mit 100 % positiver Zustimmung.

Mit anderen Worten, die heutigen Leser sind nicht länger daran interessiert, theoretische Konzepte und neue Lehren von Autoren zu erfahren, die diese selbst nie wirklich praktiziert haben, sondern möchten wissen, wie jemand aus einer miserablen Situation herausgefunden und es bis nach oben geschafft hat.

Verstehen Sie jetzt, warum ich der Meinung bin, daß wir bei uns selbst beginnen müssen, wenn wir wirklich einen positiven Beitrag zum Wohle dieses Planeten leisten wollen?

Wenn Ihre heutige Situation noch nicht die ist, die Sie sich wünschen, dann wird Ihnen dieses Buch nicht nur viel Freude, Hoffnung und Zuversicht geben. Sie werden auch eine Menge nützlicher Tips erhalten, die herauszufinden monatelange Erfahrungen und viel Geld kosten würden. Beides können Sie sich zum großen Teil mit diesem Buch ersparen.

Leinen gebunden, 328 Seiten

AB HEUTE ERFOLGREICH
(auch auf 12 Cass. erhältlich, vom Autor pers. gesprochen)
(Alfred R. Stielau-Pallas)

Mehr als 20.000 Führungskräfte, Selbständige und Verkäufer arbeiten mit diesem Buch, das Ihnen geholfen hat, die wichtigsten Erfolgsregeln stets präsent zu haben.

In vielen Firmen bekommen neue Mitarbeiter das Buch als erstes in die Hand gedrückt, damit sie sich so schnell wie möglich mit dieser Thematik vertraut machen.

Seit Beginn der Menschheit gab es Menschen, die es verstanden, ihre Ziele zu erreichen, und es ist zuerst einmal eine Frage der Entscheidung, ob man dazu gehören möchte. Wenn Sie spüren, daß Sie es sich eigentlich leichter machen könnten, daß Sie eigentlich mit weniger Energie mehr erreichen könnten, dann hat dieses Buch viel Interessantes für Sie zu bieten, völlig gleich, welchen Beruf Sie haben.

Dieses Buch wird Sie motivieren! Sie werden bereits im ersten Kapitel erkennen, wie Sie täglich zu Erfolgserlebnissen kommen. Und die Erfolgserlebnisse sind nicht nur die Quelle der Energie, sondern auch Basis für ein unerschütterliches Selbstvertrauen.

Wenn Sie keine Zeit zum Lesen haben,
dann hören Sie sich das Buch doch auf Cassette an. Ich habe es selbst gesprochen -
dynamisch, motivierend und extra für Sie!

Leinen gebunden, 268 Seiten

DER SINN DES ERFOLGS
(jedes Buch handsigniert auf Ihren Namen)
(Alfred R. Stielau-Pallas)

Vielleicht ist schon kein Exemplar mehr erhältlich; denn es ist nur in der kleinen Auflage von 999 Ex. erschienen. Doch vielleicht haben Sie ja noch Glück.

Jedes Buch ist fadengeheftet, von Hand in wervolles Leder gebunden, mit echter Goldprägung versehen und natürlich von mir für Sie handsigniert mit einer individuellen Nummer, so daß Sie sicher sein können, ein **echtes Kunstwerk** in die Hände zu bekommen.

Sie werden diesem Buch mit Sicherheit einen besonderen Platz einräumen, und es wird auch in Ihrem Leben eine besondere Rolle spielen.

Wenn Sie das Besondere lieben und sich selbst einmal mit einer kleinen Kostbarkeit ein Geschenk machen wollen, dann werden Sie für 496 Mark ein wirklich einmaliges Werk in den Händen halten und dem **"Club" der 999 Leser** angehören, der keine neuen "Mitglieder" mehr aufnehmen wird, wenn er einmal ausgebucht ist.

Sollten Sie kein Exemplar mehr erhalten, setzen wir Sie auf eine Vorzugs-Kundenliste für alle Neuerscheinungen.

limitierte Auflage von nur 999 Ex.
Fadenheftung, in echt Leder von Hand gebunden, Goldprägung, mit pers. Widmung, 349 Seiten

PAUANUI
EINE GESCHICHTE AUS NEUSEELAND - STATT BLUMEN
(auch als Set incl. Cass., vom Autor pers. gesprochen)
(Alfred R. Stielau-Pallas)

Das, was über Lebenserfolg zu schreiben war, hatte ich geschrieben. Dann erfuhr ich, daß zur Einweihung der Pharaonen eine hohe geistige Reifestufe mit 12 Dualitäts-Prüfungen vorausgesetzt wurde.

Hier in Neuseeland wurde ich inspiriert, diese zwölf Eigenschafts-Paare in eine kleine Geschichte zu verpacken.

Die Landschaft inspirierte uns, auch zu jedem Thema ein Foto zu machen, das den Inhalt der Worte unterstreicht. So entstand ein kleines Buch mit 24 außergewöhnlichen Farbfotos, das wohl von den meisten Lesern mehr als nur einmal gelesen wird.

Ein Leserbrief:
"Pauanui steht nach wie vor an der Spitze meiner Spezial-Bibliothek, in der ich die 'größten' Bücher gesammelt habe. Ich freue mich, daß es Ihnen gelungen ist, mit so wenigen Worten alles Wesentliche und Wichtige unseres Seins auf Erden so klar und einfach darzustellen."

Es ist wirklich bestens zum Verschenken geeignet - nicht nur statt, sondern auch **mit** Blumen.

Leinen gebunden mit 24 Farbfotos, 28 Seiten
auch als Set erhältlich mit gesprochener Cassette
(ca. 1 Std. Laufzeit)

MÄRCHENHAFTE FREIHEIT
(Alfred R. Stielau-Pallas)

21 Unternehmen und Führungskräfte haben sich kurzfristig entschlossen, dieses Buch finanziell zu fördern, um eine Erstauflage von 25.000 Ex. zu ermöglichen. So konnten viele gemeinsam mit ihren Ehepartnerinnen mit Hilfe dieser Thematik ein großes Stück märchenhafter Freiheit in ihren früher eher grauen Alltag bringen.

Können Sie sich vorstellen, daß Sie bereits ein einziger neuer Blickpunkt aus diesem Buch einen großen Schritt weiterbringen kann?

Können Sie sich vorstellen, daß ein Mensch, der gelernt hat, sich der universellen Kraft anzuschließen, nicht mehr an Abhängigkeit glaubt?

Können Sie sich vorstellen, wie begeistert unsere Jugendlichen wären, wenn wir ihnen mehr Chancen für die Zukunft aufzeigen würden, anstatt ihnen jeglichen Glauben an morgen zu nehmen?

Sie werden märchenhafte Freiheit und Unabhängigkeit finden, wenn Sie sich die Voraussetzungen im materiellen Bereich geschaffen haben und nun die geistigen Gesetzmäßigkeiten anwenden, die Ihnen das Gefühl der Unabhängigkeit und Freiheit vermitteln. Die Gesetzmäßigkeiten sind so einfach, daß wir sie meistens übersehen.

Taschenbuch, 123 Seiten

AUCH DU BIST EIN ENGEL AUF ERDEN!
(Arekahanara und Alfred R. Stielau-Pallas)

Dieses Buch habe ich gemeinsam mit meinem Sohn Alexander ganz speziell für Kinder und Jugendliche ab 8 J. geschrieben. Warum als Autor "Arekahanara" angegeben ist? Sie erfahren es im Buch.

Was unsere Kinder heute brauchen, ist eine neue Einstellung, daß sie eine Aufgabe in ihrem Leben haben und nicht nur auf diesen Planeten gekommen sind, um sich durchzuschlagen. Sie brauchen die Gewißheit, daß sie zu etwas nützlich sind und anderen Nutzen bringen können - eben wie: ein Engel auf Erden.

Ich würde mich darüber freuen, wenn Sie dazu beitragen würden, dieses Buch "unter die Kinder" zu bringen; denn unsere Kinder sind unsere Zukunft. Und wenn es uns gelingt, unseren Kindern heute schon eine positive Einstellung zum Leben und zur Zukunft dieses Planeten zu vermitteln, dann haben wir wohl doch noch eine Chance.

Wieder haben sich für dieses Buch 30 "Engel auf Erden " gefunden, die es ermöglichten, daß die erste Auflage gleich 11.000 Ex. haben konnte.

Wollen Sie auch mal Engel auf Erden spielen?
Geben Sie noch heute einem Kind eine Chance, und Sie werden spätestens in 10 Jahren sehen, daß Ihr heutiges Buchgeschenk seinen wertvollen Sinn gehabt hat.

Strukturkarton gebunden, 154 Seiten,
mit vielen Fotos aus der Südsee

PALLAS   Seminare

GLÜCK UND ERFOLG
(ein Cass.-Trainingsprogramm für sofortigen Erfolg)
(Alfred R. Stielau-Pallas)

"Ich glaube, ich habe die Cassetten schon mehr als hundertmal gehört!"

Ich freue mich darüber ganz besonders; denn ich weiß, daß einige zuerst einmal vor dem Preis zurückschrecken. Natürlich ist der Preis relativ hoch im Vergleich zu anderen Cassetten, aber er ist relativ gering im Vergleich zum Ertrag.

Was ist an diesen Cassetten so anders?
Es handelt sich nicht nur um 3 Cassetten, sondern gemeinsam mit der Anleitung und den Arbeitskärtchen ist es ein regelrechtes Kursprogramm. Dieses Programm diente bereits Tausenden von Verkäufern, ihren **Umsatz innerhalb weniger Tage zu erhöhen.** Es enthält zig Selbstverständlichkeiten, die wir immer wieder vergessen und an die wir mit diesem Programm tagtäglich per Cassette (auch im Auto) erinnert werden.

Angenommen, Sie würden ab jetzt - automatisch per Cassette vorbereitet - stets gut motiviert und erwartungsgewiß bei jedem Kunden erscheinen. Können Sie sich vorstellen, daß sich das noch in dieser Woche positiv an Ihren Zahlen bemerkbar machen würde?

Sie erhalten hiermit ein einfaches aber wirkungsvolles System, mit dem Sie **Ihr Selbst-Image erhöhen** und somit das ausstrahlen, was Sie vom Leben erwarten -
Glück und Erfolg!

1 Set besteht aus:
3 Cass., ca. 100 Arbeitskärtchen, Anleitungsbuch und Ordner

EINFÜHRUNGS-SEMINARE
(in Lizenz von Alfred R. Stielau-Pallas)

Ein Buch hat zwar den Vorteil, daß Sie es wieder und wieder lesen können, aber in einem Seminar bekommen Sie Fragen beantwortet und können Ihre Erfolgserlebnisse und Erfahrungen mit anderen Teilnehmern austauschen. Wie schnell sind heute 100 Mark für ein Abendessen ausgegeben und vergessen, das Seminarerlebnis jedoch bleibt.

Sie können in diesem Seminar selbst abchecken, was Ihre ganz persönlichen Stärken und Gründe Ihres bisherigen Erfolges sind und welche Stärken Sie noch ausbauen können, um mit weniger Energie mehr zu erreichen. Allein die Möglichkeit, sich der wirklichen Ursachen des eigenen Erfolges bewußtzuwerden, anstatt zu meinen, man habe nur gearbeitet und ein wenig Glück gehabt, hat den meisten Teilnehmern an diesem Einführungs-Seminar **enormes zusätzliches Selbstvertrauen** gegeben.

Holen Sie sich Ihre Informationen über das Seminar-Programm **"DIE SPIELREGELN DES ERFOLGS"** aus erster Hand, damit Sie nicht "die Katze im Sack kaufen".
Denken Sie noch einmal kurz darüber nach, wie schnell Sie diesen Tag vergessen haben werden, wenn Sie ihn ohne den Seminarbesuch vergehen lassen.

Die Adresse und Tel.-Nr. zur Anmeldung entnehmen Sie bitte der dem Buch beiliegenden Antwortkarte.

"PALLAS-Seminare" sind gemeinsam mit dem Achteck ein geschütztes Markenzeichnen und dürfen nur von lizenzierten Seminarleitern benutzt werden.

PALLAS-FIRMEN-SEMINARE
(auch individuelle Cassetten, Videos und Bücher)

Vertriebs-Organisationen und mittelgroße Firmen möchten meist gern ihre eigenen Seminar-Programme und auch Cassetten für ihre Verkäufer haben, um somit gezielter, imagebewußter und effizienter zu trainieren.

Da sich für alle Firmen, für die ich bisher Cassetten produziert habe, die Investition bereits innerhalb der ersten 4 Wochen voll bezahlt gemacht hat, ist es mehr als interessant für Sie, sich noch heute mit mir darüber zu unterhalten.

Per Fax (0064-843-47060) bin ich rund um die Uhr und per Tel. (0064-843-48783) immer dann zu erreichen, wenn es in Deutschland Schlafenszeit ist (je nach Winter- oder Sommerzeit 10 - 12 Std. Zeitdifferenz).

Selbstverständlich stehe ich auch nach wie vor persönlich oder unsere Seminarleiter für firmeninterne Seminare zur Verfügung. Über 20.000 Verkäufer in Deutschland werden ständig über unsere Lizenznehmer per Cass., Buch, Video oder direkt in Seminaren betreut. Außerdem wurde mein Telefon-Service bereits mehr als 1 Mio. mal in Anspruch genommen - übrigens ein kostenloser Service von mir für jeden! Wenn Sie nicht länger an Seminaren interessiert sind, die nur gut ankommen, sondern auch Ihre Zahlen positiv beeinflussen, dann rufen Sie mich gern an.

PALLAS-Seminare -
damit die Erfolgreichen noch erfolgreicher werden.

AUSBILDUNG ZUM SEMINARLEITER
(durch und in Lizenz von Alfred R. Stielau-Pallas)

Als ich 1974 mein erstes Seminar gab, konnten die Seminarleiter für diese Thematik in Deutschland noch an den Fingern aufgezählt werden. Heute sind es Tausende! Und wenn Sie mich fragen, es ist der Beruf der Zukunft; denn weltweit interessieren sich **immer mehr Menschen** für diese Thematik.

Aus diesem Grund habe ich ein 8-Stufen-Konzept zur Ausbildung zum Seminarleiter entwickelt, das es Ihnen ermöglicht, sich nebenberuflich Schritt für Schritt ausbilden zu lassen. Aber wir akzeptieren nur Interessenten, die es wirklich ernst meinen; denn wir wollen **nur wenige Seminarleiter** haben, aber dafür die Besten.

Wenn Sie nicht nur gern möchten, sondern bereit sind, jeden Tag Ihr Bestes zu geben und bereits Erfolg in einem anderen Beruf hatten, dann bekommen Sie eine Chance.

Für **firmeninterne** Seminare vergebe ich auch Lizenzen! Dies ist eine interessante Möglichkeit für alle Firmen, die nicht gern mit externen Trainern arbeiten wollen, aber dennoch ein fundiertes Konzept einschl. Schrift-, Cassetten- und Video-Material haben wollen!

Wenden Sie sich bitte gern direkt an mich persönlich, wenn es um firmeninterne Lizenzen geht.
Tel.: 0064-843-48783
Fax: 0064-843-47060

PALLAS Seminare